THANK YOU

소망의 주님께서 친히
때마다 일마다
평강 주시기를 기도하며

이 소중한 책
『고향 마을 느티나무 같은 70년의 삶』을

특별히 _____님께 드립니다.

202   년   월   일

_____ 드림

"예수 그리스도는 어제나 오늘이나 영원토록 동일하시니라"(히 13:8)
"Jesus Christ is the same yesterday and today and forever"(Heb 13:8)

최면복 장로 인생 이야기

고향 마을 느티나무 같은 70년의 삶

초판 1쇄 발행 2022년 10월 5일

지 은 이 l 최선

펴 낸 곳 l 기독교연합신문사(도서출판 UCN)
등록번호 l 제21-347호
등록일자 l 1992년 6월 28일
주   소 l 서울시 서초구 남부순환로 2221 5층
전   화 l (02) 585-2754
팩   스 l (02) 585-6684
이 메 일 l ucndesign@naver.com

디자인&인쇄 l 기독교연합신문사 출판국

ISBN l 978-89-6006-927-5 03230

최 면 복 장 로 인 생 이 야 기

고향 마을
느티나무 같은
70년의 삶

최선(崔宣) 지음

도서
출판

대부분의 사람은 고향을 그리워합니다. 쉼이 필요하거나 은퇴를 하면 고향에서 여생을 보내고 싶어 합니다. 그래서 태어난 곳에서 산다는 것은 행복한 일입니다. 가족과 친척들 그리고 마을의 좋은 사람들과 삶을 나누는 것은 복된 생활입니다. 그렇지만 지나간 시절의 희로애락이 담겨 있는 곳도 고향입니다.

이 글은 6.25전쟁 중에 태어나 어려운 가운데서도 학교에 다니며 친구들과 동네를 누리던 어린 시절을 보내고, 대한민국 국방의 의무를 완수하였으나 질병이 와서 죽음 직전에 살아 계신 하나님을 만나 충성하다 보니 장로로 부름받아 긴 세월 교회를 섬기다가 이제 젊은이들에게 바톤을 넘기시는 귀하신 최면복 장로님의 인생 이야기입니다.

1956년 7월 21일 교회 창립 이후 올해로 67주년이 되는 역사와 전통을 자랑하는 충주 용원교회의 현대식 교회 건축을 위하여 헌신하신 분이 최면복 장로님이셨습니다. 사업을 시작하고 어려운 환경 가운데 힘껏 대출을 받아 크게 희생하셨습니다. 그리고 지금까지 담임목사님과 성도들과 함께 지역 복음화를 위하여 섬기고 나누는 사역을 하면서 예수 그리스도 사랑의 실천을 펼쳐왔습니다.

이처럼 한국 교회에서 드물게 40년의 장로직을 아름답게 마치고 정년 은퇴를 하게 되신 최면복 장로님을 사랑하고 축복합니다. 그리고 내조하신 현명희 권사님은 40년 동안 한 주도 빠짐없이 강단을 최상으로 꾸미고 예배를 드리는 환경 조성에 누구보다 헌신하셨습니다. 천국의 면류관이 크게 준비되어 있음을 믿습니다.

하나님이 최면복 장로님을 세우시고 인도하셔서 지금까지 국내외에서 복음을 전하는 사역에 담임목사님과 동역하신 그 고운 마음과 나눔을 위로하고 축복합니다. 은퇴 후에도 교회와 지역 그리고 한국 교회 발전을 위한 계획에 주님의 도우심과 성령의 기름 부으심이 가득하시길 기원합니다.

최면복 장로님 은퇴 기념으로 이 책을 출판하게 되어 매우 기쁩니다. 아무쪼록 독자들이 읽을 때마다 하나님의 섭리와 성령의 만져 주심이 있기를 바라며 몸 된 교회를 섬길 때마다 믿음과 소망, 회복의 역사로 신앙생활에 발전이 있기를 기대합니다.

출판을 위해 물심양면으로 후원하신 최면복 장로님의 가족들 그리고 기도로 동역해 주신 용원교회 양진우 담임목사님과 교우들과 전 용원교회 담임 조준동 목사님, 사회부총리 겸 교육부 장관 황우여 박사님, 장로회신학대학교 신학과 교수 소기천 박사님, 전 육군훈련소장 구재서 장군님, 숭실대학교 명예교수 김영한 박사님께서 축사를 통하여 빛나게 하여 주심을 감사드립니다. 그리고 본서의 교정, 편집 등 출판을 맡은 기독교연합신문출판사 국장, 차장 실무 담당자들께 마음 깊이 감사를 드립니다.

2022년
시인작가 최선

섬김의 세월

최선

삼십 대 장로 되어 헌신한 섬김의 세월 40년
임마누엘 주님 품에서 성령 충만한 축복의 시간
눈물과 땀이 서린 십자가 그 길을 따라
주님 사명 받들어 서러움 이겨내 승리했노라

열방을 품고 땅끝까지 생명 복음 전하는 사역
용원교회 가족들과 함께 달려온 오랜 시간
십자가 정신으로 무장하고 주님께 충성하여
천국의 면류관 받기까지 헌신하리라

사랑의 주님 발자취 따라 걷는 길마다
성령의 불꽃 활활 타오르는 역사의 순간 기대하며
교우들과 동역하는 영혼 구원의 조각들은
하나님 은혜의 시간으로 남아 영광을 돌리리라

장립부터 지금까지 살과 피를 나눈 형제, 자매여!
주님 오실 그날까지 말씀과 성령으로
세례와 직분 예배 그 감동 변함없이
참 목자 사랑받아 천국까지 함께 가리라

차례

전쟁과 가난으로 얼룩졌던 어린 시절, 어머니를 일찍 여의고 어두운 골짜기를 지나며 험한 바다를 헤치는 질곡의 삶을 살아왔던 최면복 장로의 인생 이야기가 기독교연합신문사를 통하여 출판되어 마음 깊이 축하드립니다.

한국 교회 역사에 40년 시무장로 은퇴식을 마치신 분이 흔하지 않습니다. 그러나 최면복 장로님은 40년 동안 목회자와 성도들과 함께 같은 마음, 같은 뜻, 같은 비전으로 교회를 위해 헌신하신 분입니다. 그래서 충주 용원교회 담임목사로서 긍지를 가지고 있습니다. 때로는 지치고 낙심될 때도 있었겠지만 하나님의 특별하신 은혜로 지금까지 왔음을 감사드립니다.

이 세상에 살면서 꿈이 없는 사람이 가장 답답한 사람입니다. 그러나 최면복 장로님은 청소년 때부터 남

13

다른 꿈을 가지고 있었습니다. 그 비전을 간직하면서 하나님께 기도하고 심은 대로 풍성하게 거두는 축복을 받았습니다.

하나님께서는 복을 주시기 전에 먼저 우리 안에 꿈과 소원을 주십니다. 주님이 주시는 꿈, 이상을 가지고 기도로 살아왔더니 영혼 구원과 주님의 몸 된 교회를 섬기고 자랑스러운 장로 은퇴식을 갖게 되었음을 축하드립니다.

오늘이 오기까지 현명희 권사님과 자녀들이 뒤에서 영적으로 협력하고, 용원교회 당회와 성도들이 모두 신앙의 공동체를 이루기 위하여 양보하고 순종하며 헌신의 열매를 통하여 그 비전이 성취되도록 보이지 않게 역사하시는 성령 하나님의 손길이 가까이에 있음을 직감합니다.

용원교회 목회자와 성도의 삶 가운데 어려움과 환난에서도 보호하시고 치유하시는 여호와 라파의 능력이 우리를 어두운 곳에서 해방시켜 주셨습니다. 복음 안에서 진정한 영육 간에 자유를 주셨습니다. 따라서 우리 모두 인생이 힘들고 지칠 때마다 이끌어 주시는 예수님의 손을 놓치지 마시고 믿음의 길을 당당히 걸어갈 수 있기를 소망합니다.

직분을 충성되게 감당하시다가 주님의 은혜로 은퇴하시는 최면복 장로님의 희망찬 내일을 기대합니다. 최면복 장로님 은퇴 기념으로 이 책을 출판하게 되어 매우 기쁩니다.

끝으로 본서의 출간을 위해 여러모로 애써 주신 세계로부천교회 담임 시인작가 최선 목사님의 수고와 칼럼, 축시, 가곡 등 은퇴 기념으로 한국 교회 역사에 오래토록 남을 수 있도록 도와주신 배려에 깊이 감사를 드립니다.

충주 용원교회 담임

양진우 목사

물고기 중에서 가장 강하고 빠르게 헤엄칠 수 있는 상어는 부레가 없습니다. 또 아가미 앞에 조절 기능을 하는 턱이 없어서 헤엄을 칠 때 흡입되는 수력에 의하여 호흡을 합니다. 비록 체중의 4분의 1을 차지하는 간에 있는 지방의 힘으로 물에 뜰 수 있으나 이것만으로는 부족하여 새끼 때부터 물에 뜨기 위해 항상 체구를 움직여서 헤엄을 쳐야 물속에 잠기지 않을 수 있기 때문에 지속적인 전신운동으로 인한 부력으로 가라앉지 않고 떠 있다고 합니다. 그래서 상어는 잠을 잘 때도 헤엄을 치면서 잠을 잔다고 합니다.

상어의 이 엄청난 노력이 바다에서 가장 빠르고 강한 물고기로 만든 것입니다. 사람도 어떤 정신과 어떤 생각 또는 어떤 목표를 가지고 사느냐에 따라서 나타나는 삶의 결과가 달라집니다. 세상을 살아가면서 안일하고 목표 없이 쉽게 살아간다면 당장은 편할 수 있으나 세월이 지나가면 불행해지게 됩니다.

제가 용원교회에 부임한 후에 알고 보니 최면복 장로는 경제적으로 많이 힘든 생활을 하고 있었습니다. 고향에서 생활이 어려워서 상경했다가 얼마 안 되어 건강이 나빠져서 더 이상 견디기 힘들어 귀향을 했고 병든 중에서 용원교회에 출석하게 되었다고 합니다. 그러면서 비자동 기계 몇 대로 장갑 공장을 시작했지만 기계를 안전하게 설치할 장소조차 구하기 힘들 정도로 대단히 어려운 환경이었습니다. 그러한 가운데서 오늘의 현실을 이루기까지 모든 역경을 믿음과 신앙 정신으로 매진한 결과 오늘의 가치 있는 선물을 받은 것입니다. 이것은 최면복 장로의 너무도 당연한 현실이라고 말할 수 있습니다.

이른 아침 그 시간에 깨어있지 않으면 새벽의 빛이 얼마나 찬란한지 알 수가 없습니다. 눈을 뜨지 않으면 세상은 여전히 어둠뿐입니다. 새벽의 아름다움을 맞이하기 위해서는 깨어 있어야 합니다. 내가 보기에 최면복 장로는 분명히 새벽에 눈을 크게 뜬 사람이라고 말할 수 있습니다. 가치 있는 시기를 알고 일해 왔으며 자기가 하는 일과 사업의 시기를 잘 알고 믿고 서 왔기 때문입니다.

사람들 중에는 자기 직업을 천직으로 아는 사람이 있고 반대로 불평하는 사람이 있습니다. 또한 이것도 저것도 아닌 태도로 일하는 사람이 있습니다. 최면복 장로는 자기 일과 사업을 천직으로 알고 심혈을 기울여 일해 왔습니다. 옆에서 눈만 뜨면 보는 사람이 그렇게 보아 왔습니다. 여기에 강한 믿음과 신앙의 힘으로 오직 하나님 은혜와 소망의 삶을 그는 살고 있는 것입니다. 초년 시절의 밑바닥 삶이라고 해도 과언이 아닌 그 생활이 오히려 옛 추억이 되어 신앙의 간증이 되고도 남을 것입니다.

신체 근육은 반복해서 사용하지 않으면 쇠퇴하며 가수가 노래하지 않으면 기대하는 음량을 낼 수 없습니다. 또한 아무리 강한 쇠붙이도 사용하지 않으면 녹이 슬게 되어 있습니다. 인생의 후반기를 지나 말년에 접어드는 장로의 은퇴라고 하는 이 시점에서 아름다운 신앙의 마음을 다시 살려야 합니다. 이웃을 위해서 상대를 존중하는 마음, 돕고 후원하는 마음, 더욱더 중요한 것은 하나님의 영광을 위해서 교회를 어떻게 섬길 것인가를 새롭게 새겨야 할 것입니다.

성공적인 삶의 특징은 절대 긍정, 오직 초심 그리고 항상 감사하는 삶입니다. 이 세상에서 가장 행복한 사람은 지금 모습 그대로 항상 감사하고 하나님의 뜻을 분별하면서 사는 것입니다. 그것은 곧 말씀이기 때문이고 감사의 분량이 행복의 분량이기 때문입니다. 그러므로 감사하는 만큼 행복할 수 있습니다. 행복해서 감사가 아니고 감사해서 행복하다는 말입니다. 그래서 가장 행복한 사람은 가장 많이 감사하는 사람입니다. 최면복 장로님이 가시는 앞으로의 삶이 더욱 감사가 넘치는 삶이 되기를 바라봅니다.

전 충주 용원교회 담임

조준동 목사

　세계로부천교회 최선 목사님의 소개로 축사를 준비
하게 되었습니다. 그의 숙부인 최면복 장로님이 용원
교회 직분에서 정년 은퇴하심을 축하드립니다. 30세에
장로에 임직하시어 평생이라 할 수 있는 40년이란 세
월을 흠 없이 교회의 장로로서 잘 지켜낸 것은 한국 교
회 역사에 참으로 의미 있는 일입니다.

　그는 가정을 잘 세우셨을 뿐 아니라 직장과 사업에
서 성실히 생활하였고, 크게 성공하시어 이를 기반으
로 교회 건축과 교회 성장을 위하여 묵묵히 주님의 몸
된 교회를 전심으로 섬겨왔습니다.

　또한 장로님은 목회자가 교회를 잘 이끌 수 있도록
뒷받침할 뿐 아니라, 교회에 크고 작은 일이 생길 때마
다 잘 수습하고 조정하여 교회가 안정적이고 은혜롭게
발전하도록 교인의 모범이 되었습니다.

혈기 방장한 젊은 시절에 장로가 되어 사회생활을 하면서 수많은 어려움을 겪으셨을 터인데도 흠 없이 장로직을 마치셨다는 것 자체가 많은 이야기를 한국 교회 직분자인 우리에게 들려주고 있습니다.

요사이 장로가 교회와 사회에 모범이 되지 못하여 많은 문제가 있다고 걱정을 합니다. 이러한 때에 최면복 장로님께서 40년을 하루같이 충실히 아름답게 장로직을 마치신 것은 이 나라 한국 교회의 많은 장로들께 무언의 가르침이 되실 것이기에 진심으로 축하와 감사를 드립니다.

전 대한민국정부 사회부총리 겸 교육부 장관
국회의원, 변호사
황우여 박사

　장로회신학대학교에서 신학생들을 평생 교육시키고 장차 한국 교회를 섬기는 주의 종들을 신앙과 바른 신학으로 양육시키는 것이 저에게는 행복이고 축복이었습니다. 8년 동안 최선 목사님께서 서울극동방송에서 칼럼을 통하여 주님 안에서 이름도 없이 빛도 없이 한국 교회와 사회에서 봉사하는 수많은 크리스천의 손길을 찾아서 가슴 뭉클하게 소개하시는 감동의 방송 사역을 늘 저는 청취하고 지켜보고 있습니다.

　그는 하나님의 뜻을 이루는 구원의 소중한 소식을 전하는 목회자로서 이 어두운 세상을 밝게 비추고 있습니다. 특히 최선 목사님의 숙부 되시는 최 장로님은 예장(통합) 용원교회에서 30세에 장립되어 40년의 직분을 마치고 정년 은퇴하시게 되었습니다.

　최면복 장로님의 아름다운 일이 한국 교회 역사에

귀감이 되어 용원교회 성도들이 각자 처한 삶의 터전에서 예수 사랑의 실천을 꽃피울 수 있기를 간절히 바랍니다. 은퇴를 주님의 이름으로 축하드립니다.

개혁주의이론실천학회(샬롬나비) 사무총장
장로회신학대학교 신학과 신약학 교수
소기천 박사

40년이라는 짧지 않은 기간 동안 예장(통합) 용원교회에서 시무장로의 직분을 마치고 정년 은퇴하시는 최면복 장로님에게 크신 하나님의 은혜가 넘치시길 기원합니다. 시편 23편에서 기자의 고백처럼 장로님의 지금까지 인생 가운데 하나님의 선하심과 인자하심이 충만하셨으리라 믿습니다.

미국 소설가 헤밍웨이의 작품 중 『누구를 위해 종을 울리나』라는 작품이 있습니다. 스페인 내전에 참전한 주인공 로버트 조던은 산속을 지나는 교량을 폭파하라는 임무를 수행하기 위해 산속으로 들어갑니다. 그는 그곳에서 마리아라는 여인을 만나고 둘은 서로 사랑하게 됩니다. 마리아는 조던과 결혼하여 대를 이어 파시스트에 계속 대항할 자식을 두고 싶다고 고백합니다. "전 당신의 아들과 딸을 낳고 싶어요. 만약 파시스트들과 맞서 싸울 우리의 아들과 딸이 태어나지 않는다면 어떻게 이 세상이 더 좋아질 수 있겠어요?" 저자인 헤밍웨이는 자기의 경험을 토대로 더 나은 세상을 만들기 위한 처절한 몸부림을 이렇게 승화시켰습니다.

최면복 장로님의 생애야말로 하나님과 이웃을 위해, 더 나은 내일을 위해 처절하게 몸부림치며 살아온 이 시대의 표상이 아닐까 생각합니다. 은퇴 이후에도 더 나은 내일, 더 나은 미래, 더 나은 하나님 나라를 위해 뜨거운 하나님의 마음으로 더 멋진 은퇴 후의 삶을 사시길 기대해 봅니다. 그동안 수고 많으셨습니다.

육군사관학교, 전 대한민국 육군훈련소 소장
백석대학교 교수
구재서 장군

　하나님의 크신 섭리로 복음이 전해지고 영혼 구원의 역사가 풍성한 충북 충주의 아름다운 고장에서 태어나 용원교회를 섬기고 정년 은퇴를 하시는 최면복 장로님, 그동안 큰 수고를 하셨으니 진심으로 축하드립니다.

　인생의 고비마다 광야와 같은 시련 속에서도 40년이라는 오랜 세월 동안에 시무장로 직분을 건강하게 마치시게 하신 것은 모두 주님의 은혜와 축복입니다.

　지금까지 섬김의 세월을 올곧게 살아오신 것처럼 앞으로 남은 삶이 남기신 사업과 교회의 봉사를 통해서 더욱더 주님께 영광 돌리시기 바랍니다.

　특히 최선 목사님의 숙부 되시는 장로님의 퇴임에 아름다운 축시와 함께 '섬김의 세월'이라는 장로님의 신앙 행적을 소개하신 시인 최선 목사님의 아름답고 영성이 담긴 고귀한 시는 한국 교회에 귀감이 될 만큼 은혜와 감동이 풍성했습니다.

가족과 함께 주님 안에서 건강하시고 행복한 생애가 되시길 축복합니다.

기독교학술원 원장, 개혁주의신학회 설립자

샬롬나비 상임대표, 숭실대학교 명예교수

김영한 박사

1
—
하나님과 동행한
인생의 시작

하늘이 내려준
귀한 생명

"내가 달려갈 길과 주 예수께 받은 사명 곧 하나님의 은혜의 복음을 증언하는 일을 마치려 함에는 나의 생명 조차 조금도 귀한 것으로 여기지 아니하노라"(행 20:24)

최면복 장로의 일생은 하나님에 대한 사랑과 헌신을 바탕으로 삼아 믿음으로 경주한 삶으로 요약할 수 있다. 하나님과 동행한 면복의 시작은 가엽산(710m) 자락 아래 끝 마을인 새말에서부터였다.

충주(忠州) 최씨 농민 최태우와 원덕상의 집에서 1950년 6.25전쟁 중에 7남매중에 여섯째로 태어났다. 그 이름은 최면복. 면복의 가족은 새 생명의 태어남을 기뻐해야 하는 순간임에도 전쟁이라는 엄혹한 상황에 마냥 기뻐하지 못했다. 적화통일을 내세운 북한의 남침으로 사랑하는 이들과 갑작스러운 이별을 맞이하고,

가족들의 생사도 알 수 없는 일이 충주뿐만 아니라 한반도 곳곳에서 벌어졌다. 평범한 농민 가정이었던 면복의 가족 역시 동족상잔이라는 역사적 비극 앞에 그저 휩쓸리는 수밖에 없었다. 다만 이 고통의 순간들이 하루빨리 지나갔으면 하는 소박한 바람만이 면복의 가족이 가질 수 있었던 유일한 소망이었다.

면복의 가족도 피난을 가야 하는 순간이 다가왔다. 1950년 6월 25일 일요일 오전 4시경에 38선 철책을 넘은 북한군은 그야말로 노도와 같이 밀어닥쳤다. 주말을 맞아 최소한의 인원밖에 남아있지 않았던 국군은 속수무책으로 당하는 수밖에 없었다. 대한민국의 수도 서울이 전쟁 발발 삼 일 만에 점령됐을 정도였다. 그 피해는 고스란히 면복의 가족과 같은 평범한 국민 한 사람 한 사람이 감당해야만 했다.

그 누구도 생사를 가늠할 수 없었던 시기였다. 면복의 가족은 고민 끝에 핏덩어리 새 생명을 놔두고 떠난다는 결정을 내렸다. 아기 모세를 살리기 위해 갈대상자에 아이를 넣고 나일강에 떠내려 보낸 요게벳의 심정이 그러했을까. 눈물이 멈추지 않는 가슴이 찢어지는 선택이었다. 갓난아이를 두고 가족들은 떨어지지 않는 발걸음을 어쩔 수 없이 재촉해야만 했다. 시시각각 다가오는 전쟁의 위험은 가족들의 마음을 두렵게 했다. 모진 결정이었을지 모르지만 '가족을 모두 살리려면 이게 최선이야'라고 다독일 수밖에 없었다. 하늘이 내려준 귀한 생명이었으나 전쟁이라는 난리 통이었다. 오늘을 무사히 보내고 내일을 맞이할 수 있을지 장담할 수 없는 절체절명의 순간이었다.

그런데 하나님의 인도하심이었을까. 사람은 포기했을지 모르지만, 하나님은 포기하지 않으셨다. 하나님은 작은 생명 하나도 포기하지 않으시는 분이었다. 하나님은 이제 막 태어난 동생을 가엽게 여긴 형제를 통해 가족들의 마음을 움직였다. 피난 중에 동생이 보이지 않자 면복의 셋째 형이 "어린 동생을 두고 가면 어떻게 하느냐. 같이 피난해야 한다"라고 울며 보채기 시작한 것이다. 애끓는 셋째의 외침에 그렇지 않아도 마음이 무거웠던 가족들은 아이가 있는 곳으로 다시 돌아갔다. 아이는 부모의 따뜻한 품을 찾아 헤매듯 쉼 없이 울고 있었다. 아이를 버렸다는 미안함과 이제 아이를 떠나지 않아도 된다는 안도감에 터져 나오는 눈물을 미처 닦지 못한 어머니가 다시 아이를 품에 안자 놀랍게도 아이는 울음을 멈추곤 새근새근 잠에 빠져들었다. 잠시 버려졌던 너무나 작은 아이는 이제 가족들의 안온한 품을 떠나지 않아도 되었다. 전쟁이라는 포화 속에 동족상잔의 비극이 벌어지던 1950년의 어느 날 일어난 작은 기적이었다. 그렇게 면복은 하나님의 인도하심으로 가족들의 품으로 돌아갈 수 있었다. 하지만 가족들은 전쟁 중에 가족의 기둥인 첫째가 실종되는 아픔을 마주해야만 했다.

고향 신니면 마수리와
선대에 대한 기억

면복이 어린 시절을 보낸 충청북도 충주시 신니면 마수리는 대대로 불교와 유교를 숭상하던 지역이었다. 이곳에 몇 대에 걸쳐 정착해온 조상들은 여주와 충주에 자리를 잡았다.

전쟁의 포화가 잠잠해질 무렵 면복의 아버지는 농사와 장사를 병행해가며 가정 경제를 이끌어 갔다. 농한기가 되면 용원, 음성, 장호원, 대소원장 오일장을 돌며 망태기와 닭을 팔았다. 그러나 면복의 어머니는 기침이 심해 늘 고통을 호소하며 '새 공기를 마시고 싶다'라는 말을 자주 했다. 큰누나와 사촌 누나의 병수발에도 어머니의 병색은 점점 깊어져만 갔다. 어린 면복에게 어머니는 늘 뒷문을 열고 기침을 자주 하던 모습으로 기억됐다.

면복이 여섯 살 되던 해에 어머니는 영영 가족들의

곁을 떠나고 말았다. 어머니를 찾아서 우는 어린 면복
을 윗집 할머니가 업고 달래주었다. 엎친 데 덮친 격이
라는 말로 다 표현할 수 없을 정도로 어머니의 상여를
매고 출상하는 날, 너무나도 슬픈 일이 또 일어났다.
어머니와 헤어지기 싫어서였을까. 이제 막 세 살 된 동
생이 갑자기 어머니를 따라 영원히 가버리고 만 것이
다. 가족들의 슬픔은 이루 말할 수가 없었다. 아무리
하늘을 원망하고 소리쳐도 그저 메아리로 돌아올 뿐
이었다. 왜 사랑하는 어머니에 이어 동생까지 면복의
곁을 떠나야 했는지 이유를 말해주는 사람은 없었다.
어린 면복에게는 너무나도 가슴 아픈 고통의 순간이
었다.

꿈을 찾으며
비전을 발견하다

가마니를 짜는 아버지 곁에서 어린 면복은 늘 이렇게 외쳤다고 한다. "나는 가난하게 살지 않을 거야. 나는 부자로 살 거야!"라고. 생사를 알 수 없는 가족, 폐허가 된 집, 곳곳에 전쟁으로 인한 상처가 산적해 있던 그 시절, 면복과 같은 상황에 처해 있었다면 가난을 벗어나고 싶다는 마음을 품는 것이 자연스러운 일이었다. 면복은 가난한 환경에서 자랐지만, 환경에 지배당하지 않고 그 환경을 뛰어넘는 삶을 꿈꿨다. 현실에 굴하지 않겠다는 목표를 세워 오히려 부자를 꿈꾸는 비전의 사람으로 변화한 것이다.

단순히 돈만 잘 버는 부자를 꿈꾼 것은 아니었다. 면복 스스로도 지독한 가난을 벗어나고 싶은 마음이 있었지만, 무엇보다 집안을 일으키고 싶다는 소망이 있었다. 믿음의 사람이 된 이후에는 하나님이 내려주신 것이상으로 나누는 삶을 살아야겠다고 다짐했다.

그러나 상황은 면복의 바람대로 흘러가지 않았다. 설상가상으로 어머니가 질병으로 고생하다가 셋째 형이 결혼한 그해에 돌아가시면서 집안의 분위기도, 가세도 기울기 시작했다. 아버지나 형들이 아무리 노력해도 가난의 굴레를 쉽게 벗어날 수 없었다. 면복은 어쩔 수 없이 남의 집으로 품을 팔러 가는 형수(김금순 권사)를 대신해 조카들을 돌보는 일을 도맡아야만 했다. 소학교에 들어갈 나이가 되어도 조카들 돌보는 일로 학교에 제대로 다니지 못할 정도였다. 면복은 조카들과 함께 형수를 찾아가 꽁보리밥, 밀기울밥, 밀 껍데기로 배를 채우곤 했다. 결국 면복은 공부는커녕 학교 생활을 제대로 즐기지 못하고 소학교를 졸업했다.

면복의 아버지는 틈날 때마다 자녀들에게 "형제지간에 우애 있게 살아라. 남에게 피해를 주는 생활은 하지 말아라"라고 당부했다. 비록 밭 한 떼기 유산으로 물려줄 만큼 넉넉한 환경은 아니지만, 형제자매들이 서로 의지하며 살아가길 바라는 마음에서였다. 그렇게 면복의 아버지는 자녀들이 독자적으로 성장하도록 격려하면서도 엄격함과 따뜻함을 잃지 않았다. 잘못한 일은 종아리에 불이 나도록 회초리를 들었지만, 잘한 일에는 칭찬을 아끼지 않았다. 경제적으로 어려운 가운데 "형제자매가 서로 이해하고 사랑하는 관계를 맺으라"라는 말을 늘 강조했다.

특별한 가훈은 없었지만 면복과 그의 형제자매들은 아버지가 남긴 말을 평생 잊지 않았다. 형제자매들이 모두 자수성가한 배경에는 서로 돕고 살라는 아버지의 가르침이 있었던 것이다.

면복은 소학교를 졸업하고 사춘기가 한창일 중학교에 갈 나이에 나무꾼으로 4년을 일했다. 교복을 입고 있는 친구들의 모습을 볼 때면, 괜한 부끄러움과 창피함에 숨곤 했다. 열여덟 살이 되던 해에는 "농사로는 돈을 벌 수 없겠다"라는 생각에 생선 가게를 거쳐 쌀가게에서 연탄을 배달하며 본격적으로 일을 배우기 시작했다.

배달 일을 마치고 나면 돈을 수금하는 일도 도맡아서 했다. 그 시대에는 점원이 도둑질하는 일이 잦았다. 면복에게도 이따금 그런 유혹이 찾아오곤 했다. 면복은 "돈을 만지는 직장에선 일하지 말아야겠다"라고 다짐했다. 사람이 돈 앞에서 한없이 약해질 수 있음을 본능적으로 깨달았던 것이다. 이런 면복의 성정은 후에 장갑 공장을 운영하며 탈세했다는 비난을 받고 세무조사까지 받았을 때, 결국 면복이 결백하다는 걸 증명하는 데 큰 뒷받침이 됐다.

이후 면복은 '요꼬' 공장(니트 편직 공장)에서 일했다. 3개월만 배우면 된다는 말에 밥만 얻어먹으며 기술을 열심히 배웠다. 머슴살이로 고생하는 형들을 생각하며 "내가 열심히 일해서 돈 많이 벌어 형님들의 머슴살이를 그만두시게 해야지"라는 꿈을 가지고 있었기 때문이었다. 그 시절에는 2월에 머슴을 가면 두세 가마를 먼저 선새경으로 받는다. 5~6월에 보리 한 짝을 먹으면, 가을에 쌀 한 가마를 주어야 했다. 가을 보내고 나면 쌀이 한두 가마밖에 남지 않았다. 면복은 그 어린 나이에도 형들을 보며 마음이 아팠던 것이다.

본격적으로 요꼬 일을 시작하며 면복은 밤을 낮 삼아 그야말로 소처럼 우직하게 일했다. 한 달 월급으로 2만 5,000원을 벌었다. 그 당시 쌀 한 가마 가격이

6,000원, 보리쌀이 4,000원이던 시절이었다.

그러나 불행하게도 결핵 판정을 받으면서 요꼬 일도 더 이상 할 수 없는 상황이 됐다. 서서 일하다가 의자를 가지고 와서 앉아서 작업을 이어나갔지만, 결핵균이 장까지 상하게 해서 죽도 제대로 먹지 못할 지경이었다. 적십자병원에서 면복을 진찰한 의사도 고향으로 내려갈 것을 권했다.

청운의 꿈을 품고 상경한 서울에서 1년 2개월 만의 귀향, 열심히 일해 돈을 벌어야겠다는 생각밖에 없었던 와중에 맞닥뜨린 결핵이라는 불청객으로 인해 면복은 절망에 빠질 수밖에 없었다. 모든 것을 다 잃은 욥을 찾았던 하나님처럼, 어쩌면 매 순간 면복을 찾던 그분의 원대한 계획의 일부였을지도 모를 일이다. 면복은 더 이상 내려갈 길 없는 절망의 순간에 지푸라기라도 잡는 심정으로 하나님을 찾기 시작했다. 평생을 동행할 하나님과의 만남, 평생을 섬긴 주님의 몸 된 교회인 용원교회와의 만남을 앞두고 있었다.

2

—

절망 속에서 만난
하나님

결핵을 고쳐주시고
교회로 이끌어주심

면복의 형제들은 몸이 아플 때면 형수가 토정비결을 보고 와서는 "귀신 때문이니 불을 조심하라"라고 말하는 것을 많이 들었다. 면복은 서울에서 친분 있는 분의 요꼬 공장에서 일하면서 절약해서 돈을 모았다. 너무 열심히 일해서 그랬을까. 몸이 너무나 아파 병원에 갔더니 덜컥 결핵이라는 진단을 받게 되었다. 담배 살 돈을 절약하기 위해 새벽에 길에 나가서 꽁초를 모아 피우다가 감염된 것으로 추정된다. 열여덟 살에 이목래 장로의 친척이 하는 서울의 한 생선 가게에서 일을 하게 되었지만 몸이 너무 좋지 않아 삼 일 만에 집으로 내려오게 되었다. 몸을 움직일 수 없는 상황에 결핵이 악화되어 고향으로 다시 돌아오게 됐다.

절망의 상황에서 하나님은 면복의 아버지를 통해 그를 교회로 이끄셨다. 최면복 장로의 신앙 여정이 결핵이라는 미증유의 위기 속에서 비로소 꽃피우기 시작한 것이다. 면복의 아버지는 "나는 이 나이에 아프지 않고 건강한데 젊은 너는 이게 뭐냐. 이웃에 사는 목래(고 이 목래 장로)는 교회에 다니고 있다는데, 교회에라도 나가 봐라"라며 권했다. 아버지 말에 순종한 면복은 윗마을에 사는 이목래 장로를 찾아갔다. 그리곤 "형, 나도 형 따라서 교회 나갈래요"라고 믿음으로 선포했다. 병을 고치기 위해 실로암 연못을 찾던 수많은 병자, 혈루병 걸린 여인, 예수님의 옷자락에라도 손을 대기를 간구했던 이들의 마음이 그러했을까. 그 누구라도 당시 면복의 상황이라면 갈급하고 절실한 마음으로 생수의 강을 찾을 수밖에 없을 것이다.

이런 면복을 보는 이목래 장로의 표정이 어두웠다. 그만큼 병색이 완연하고 결핵으로 인해 초췌한 모습이었다. 면복은 그의 바람대로 이목래 장로를 따라 용원교회에 다니기 시작했다. 용원교회는 대한예수교장로회 통합 소속 교회로 1956년 7월 21일 창립예배를 시작으로 66년 동안 지역 섬김에 매진한 신니면을 대표하는 교회다.

교회에 걸어가는 것도 힘들어서 몇 번을 쉬면서 가야할 정도로 면복의 상태는 심각했다. 1960~70년대만 하더라도 결핵은 '대한민국 국민병'으로 몸의 면역력이 떨어지지 않게 하는 것 외에는 마땅한 치료 방법도 없어 불치병에 가까웠다. 더군다나 공기로 전염되기 때문에 주변 사람들에게도 경원시되기 일쑤였다. 교회는 면복에게 남은 유일한 희망이었다.

당시 교회를 담임했던 김종완 전도사의 욥기 21장을 본문으로 한 '주신 이도 여호와시요… 믿으면 고침을 받는다'라는 설교는 뼈만 앙상하게 남았던 면복의 영육을 강타하기에 부족함이 없었다. 면복은 '여호와 라파' 곧 모든 것을 주관하시는 하나님이 김종완 전도사를 통해 주시는 치유의 말씀을 들으며 성령의 역사를 깊이 체험했다. 말씀에 대한 확신을 가지고 병 고침 받는다는 것을 믿게 된 것이다. 그렇게 믿기로 작정하고 대여섯 번 용원교회 예배에 출석하며 말씀을 듣고 오직 주님만 의지하겠다는 믿음의 결단을 하기에 이르렀다.

면복은 강단에서 선포되는 말씀을 듣고 깨달았다. 그리고 그 깨달음을 하나님의 음성으로 듣고 신앙생활을 시작했다. 하나님은 "이르되 내가 모태에서 알몸으로 나왔사온즉 또한 알몸이 그리로 돌아가올지라 주신 이도 여호와시요 거두신 이도 여호와시오니 여호와의 이름이 찬송을 받으실지니이다 하고 이 모든 일에 욥이 범죄하지 아니하고 하나님을 향하여 원망하지 아니하니라"라는 욥기 1장 21~22절 말씀을 면복에게 주셨다.

"병도 하나님이 주신 것이라면 그 병을 다시 거두어 가시는 분도 하나님이시다"라는 선포된 말씀을 듣고 성령의 감동을 받아 그 깨달음을 믿음으로 받아들였다.

그날 하나님은 말씀을 통해 면복과 만나주셨다. '이제 나의 병은 하나님께서 다시 거두어가시면 고침 받는다'라는 믿음의 고백을 할 수 있게 된 것이다. 집에 돌아와 믿음의 결단을 내리는 일도 주저하지 않았다. 결핵 환자가 복용하는 약인 항생제 스트렙토마이신을 버렸다. 하나님이 고쳐주실 것이라는 믿음으로 버린 것이다. 누군가에겐 목숨을 거는 무모한 일이었을지도 모르지만 그만큼 하나님이 주신 말씀이 확신으로 다가왔다.

믿음의 결단 이후 조금씩 걷기도 하고 아침에 일어나 마당을 빗자루로 쓸 정도로 상태가 호전되기 시작했다. 모든 것을 포기해야만 했던 절망의 순간을 딛고서 하나님의 말씀으로 말미암아 에스겔의 환상처럼 마른 뼈가 살아나 생기를 얻고, 힘줄을 두고, 살을 입혔듯 무엇이라도 할 수 있는 마음과 힘도 생기게 됐다. 삶을 일으키는 활기를 느낀 면복은 보건소에 가서 검사를 받았다. 그러자 놀랍게도 결핵이 다 나았다는 기쁜 소식을 들을 수 있었다. 이 모든 것이 하나님의 은혜가 아니면 설명할 길이 없었다. 면복은 예배 가운데 하나님을 만났고, 그 은혜로 말미암아 병 고침을 받고 주님의 신실한 종의 삶을 살게 되었다.

면복은 결핵을 낫게 해주신 그 순간의 감격을 잊지 않았다. 그는 "교회에 출석해 예배를 드리면서 내가 아프거나 말거나 오직 하나님을 믿기만 하면 결핵에서 낫게 하신다는 말씀을 듣고 믿기로 결단하였습니다. 보건소에서 처방해준 약을 다 버리고 치료의 하나님을 믿기만 하면 질병에서 해방된다는 믿음을 갖게 되었습니다. 정말 신기한 것은 한 달 후부터 조금씩 몸이 회복되기 시작했다는 것입니다"라고 당시를 회상했다.

하나님은 간절한 면복의 목소리에 귀 기울여주셨다.

면복은 "집에서 앞마당도 쓸고 조금씩 몸이 나아지니 생활에 활기가 생기기 시작했습니다. 믿음을 가지고 중원군 보건소에 가서 검사를 받아보았습니다. 드디어 결과가 나왔습니다. 놀랍게도 완치라는 것입니다. 다시 말해 비활동성 결핵 환자로 판정된 것입니다. 하나님의 은혜로 치유를 받고 새로운 인생을 살게 되었습니다. 그 후부터는 매사에 '아! 믿으면 낫겠다. 믿기만 하면 낫는다'라는 확신이 생겼습니다. 약에 의존하지 않고 먼저 하나님을 믿기로 하는 신앙이 생기게 되었습니다. 성경의 말씀대로 역사하신 것입니다"라며 그때의 감격스러운 순간을 잊지 못했다.

면복은 하나님이 고쳐주시면 평생 교회를 떠나지 않고 섬기겠다고 다짐했다. 하나님 앞에서 교회를 평생 섬기면서 살겠다고 서원한 것이다. 교회 안에서 때로는 갈등도 겪었지만, 면복은 하나님께 서원한 약속을 지키며 지금까지 용원교회를 떠나지 않고 섬기고 있다. 가난한 농부의 아들 면복을 지켜보시고 구원의 삶으로 이끈 하나님의 역사를 보면서, 한 사람을 통해 역사하시는 분이심을 깨달을 수 있을 것이다.

구원의 감격 속에서
자라나는 신앙

구원의 감격 이후 신앙생활이 평탄하게 흘러가지는 않았다. 다수의 교인은 면복의 집안이 미천한 탓인지 그들이 직접 목도한 기적을 쉽게 인정하지 않았다. "아무도 좋아하는 사람이 없었습니다. 어느 날 갑자기 아무것도 없는 뼈만 남은 앙상한 청년 하나가 교회에 등록하더니 말씀 듣고 병 고침을 받았다고 기뻐하니 고깝게 보는 시선이 많았습니다"라는 면복의 고백처럼 당시 용원교회 성도들은 면복에게 쉬이 마음을 열어주지 않았다. 그러거나 말거나 면복은 늘 기쁨으로, 열심히 교회 생활에 임했다. 하나님의 역사를 온몸으로 체험한 면복에게 교인들의 반응은 중요한 문제가 아니었다. 그에겐 항상 함께하시는 하나님이 있었다.

면복은 하나님이 그의 믿음을 보시고 교회에서 봉사하라고 총각 집사로 부르셨다는 생각에, 먼 거리지만 열심을 내어서 교회를 섬기는 일에 매진했다. 곧 믿음의 신앙생활로 성도들과도 화목해지고, 복음 전하는 사역도 자청하며 하나님의 사랑을 전했다. 하나님과 동행하며 신앙생활에 열심을 내자 덩달아 건강도 점점 더 회복되어 갔다. 이 모든 것이 주님의 은혜였다.

면복은 이희전 목사가 시무하던 1970년대 "목사님, 저도 교회에 봉사하면 안 될까요?"라고 자원하며 그때부터 교사와 성가대 봉사를 시작했다. 다음 세대와 한 영혼을 섬기는 교회학교 교사로 임명받고 뜨겁게 기도하며 주신 사명을 감당하는 일에 최선을 다했다. 용원교회 당회록에서도 면복을 1971년 11월 21일 교회학교 교사로 임명하고, 같은 해 12월 26일 성가대원으로 임명했다고 기록하고 있다.

면복은 "하나님이 세상을 이처럼 사랑하사 독생자를 주셨으니 이는 그를 믿는 자마다 멸망하지 않고 영생을 얻게 하려 하심이라"라는 요한복음 3장 16절 말씀을 의지하며 평생을 교회와 삶의 현장에서 복음 전파하는 일에 전력투구했다.

3

—

하나님이 허락하신
소명과 사업

쓰임받을 수 있는 일꾼

옛사람이 가고 새 사람을 입은 면복에겐 모든 것이 새로웠고, 주님을 향한 열정이 충만했다. 하나님의 특별하신 은혜로 결핵에서 자유함을 얻고 병원에서도 완치 판정을 받고 나니 '교회에서 해야 할 일이 무엇일까? 하나님을 위해 할 수 있는 일은 무엇일까?'라는 생각이 머릿속에서 떠나지 않았다. 무엇이든 하나님 나라를 확장하는 일에 보탬이 되고 싶었던 것이다.

면복은 주님이 부르시면 언제든 쓰임받을 수 있는 일꾼이 되자는 마음으로 독학으로 중·고등학교 검정고시 준비를 시작했다. 공부에 자신은 없었지만 앞으로 하나님이 인도하신다면 신학을 공부해 목회자가 되겠다는 소망도 품었다.

이후 면복은 목회자의 길이 아닌 "돈을 벌어서 헌신해야겠다"는 결심을 하게 됐다. 능치 못함이 없는 하나님이 허락하신다면 주님의 몸 된 교회를 섬길 수 있는 기회를 허락하실 것이라는 믿음으로 나아갔다. 그가 잘할 수 있는 일은 요꼬였다. 이제 건강도 회복했으니 완행 버스를 타고 서울에서 몸을 의탁했던 사장을 다시 찾아가 기술을 배워 지방에서 큰 공장을 해야겠다고 마음먹었다. 면복은 5파운드 실을 외상으로 얻어서 고향으로 내려왔다. 기계는 서울 방산시장 옆에서 파는 중고품 5,000원짜리 고물 기계를 구입했다. 착수금은 형들에게 빌렸다. 큰형인 면천에게 2,000원을, 둘째 형 면선에게 상당한 금액을, 그리고 2,000원을 셋째 형 면만에게 빌렸다. "형제지간에 우애 있게 살아라"라는 아버지의 말씀을 형제들은 삶으로 실천한 것이다. 그렇게 온 집안이 시작한 사업이 하나님이 기뻐하시는 믿음의 기업 '말표장갑'이 되었던 것이다.

믿음의 기업
'말표장갑'의 시작

말표장갑은 지금의 용원 시내 '조흥철물' 자리, 이발소 옆 작은 방 요꼬를 취급하는 공장에서 시작됐다. 당시 주님 안에서 영육 간에 나날이 성장하는 면복을 좋게 본 용원교회 이상주 권사가 공장 운영에 물심양면으로 신경을 써주었다. 심지어 조카를 업고 있는 와중에도 면복의 일을 도와주는 일이 다반사였다. 특히 꿰매는 일에 일가견이 있던 이상주 권사의 도움을 톡톡히 받았다. 그렇게 하나님이 예비하신 사람들 덕분에 자리를 잡아갈 수 있었다.

면복은 옷 장사를 했던 용원교회 노홍렬 장로의 뒷방에서 옷을 만드는 일에도 열심을 냈다. 그렇게 시작한 공장에서 스웨터를 짜서 도시로 나가 팔았다. 학생들이 입는 체육복도 팔았다. 하나님도 교인들이 합력해 일을 해나가는 모습을 기쁘게 여기셨는지 사업이 점점 궤도에 오르기 시작했다. 계속해서 배가 남는 장사로 성장한 것이다. 그런데 문제는 스웨터 장사는 겨울에는 판매가 수월했지만 여름에는 잘 되지 않는다는 것이었다. 여름이든 겨울이든 계절에 상관없이 판매할 수 있는 상품을 찾는 것이 시급했다. 그래서 면복은 결단을 내리고 새로운 상품을 찾기 위해 충주시 용산동 지곡다리로 내려갔다.

면복은 충주 사람들에게 스웨터 꿰매는 일을 부업으로 맡기곤 했다. 요꼬를 했던 그때, 누군가 장갑 만드는 일을 해보는 것은 어떠냐고 넌지시 권했다. 장갑이라니, 그때까지 면복은 장갑은 만들어본 일이 없었다. 하지만 그 시절에는 전국적으로 주유소마다 기름을 넣으면 서비스로 장갑을 주는 일이 많았다. 장갑은 계절에 상관없이 팔 수 있는 상품이었다. 본격적으로 만들기 시작한다면 상품성도 충분할 것이라는 계산이 나왔다. 사업은 너무나 순조롭게 자리를 잡아갔다. 그렇게 만든 장갑은 주유소 납품을 시작으로 군대에 입대하기 전까지 만들었다.

사업을 뒤로하고
군대에 가다

    면복은 큰형 면천에게 그 당시 돈으로 쌀 스무 짝 값을 맡기고 군대에 입대했다. 대한민국 남성이라면 누구나 감당하는 병역 의무인 군 복무는 면복에게 다른 의미로 다가왔다. 남들처럼 평범하게 군대에 들어갔다는 것은 결핵이 완치됐음을 방증하는 것이기도 했다.

    그 당시 쌀 한 짝 값이 5,000원이었다. 면복은 큰형 면천에게 "형이 돈을 잘 가지고 있어야 내가 군 제대 후에 사업할 수 있습니다"라고 신신당부했다. 다행히 큰형 면천은 면복이 제대할 때까지 쌀 스무 짝 값을 그대로 가지고 있었다. 스무 짝 값이 제대 후에는 쌀 한 가마당 9,000원까지 뛰어올랐다.

    요꼬 공장 기계는 입대하기 전에 이목래 장로에게 모두 인수인계하고 떠났다. 그런데 군 복무를 하는 중에 공장 운영이 잘 풀리지 않아서 결국 이목래 장로가 그만두었다는 소식을 듣게 됐다.

시간이 지나 1976년 10월 10일 제대했다. 몸 상하지 않고 다친 데 없이 제대한다는 사실에 하나님께 감사기도를 올려드렸다. 면복은 "내가 할 줄 아는 것은 장갑이다"라며 입대 전에 했던 장갑 사업을 다시 시작했다. 옛날 거래처에 다시 가보니 장갑이 너무 부족한 상태였다. 제대한 후 10일이 지난 10월 20일부터 장갑 만드는 작업을 재개했다. 입대 전에 큰형 면천에게 맡겨놨던 쌀 스무 짝 값으로 셋째 형 면만의 건넛방에서 말표장갑 공장을 다시 시작했다.

사업하면서 있었던
소소한 이야기

김종인 집사의 자택 옆 오두막을 구입했다. 셋째 형면만의 건넛방에서 작업을 감당하기엔 한계가 있었기 때문이다. 장갑을 만들기 시작한 지 몇 달 만에 드디어 매출이 생기기 시작했다. 공장도 나날이 성장해갔다. 면복은 140만 원 상당의 반자동 기계 두대를 구입했다. 그전까지는 수동 기계를 사용했다. 수동 기계는 2만 원이었지만 일제 반자동 기계는 150만 원이었다. 돈이 부족해 새 기계를 구입할 수 없어서 중고 일제 반자동 기계를 50만 원에 수입해 150만 원을 주고 사용했다.

새 기계가 아니어서 그랬을까. 수동 기계를 대신해 들여온 반자동 기계는 중고라 그런지 고장이 잦았다. 감속기 모터가 고장이 나면 무거운 기계를 들쳐 업고 6시간이나 걸리는 서울까지 올라가서 수리를 해야만 했다. 충분히 불평할 수 있는 상황인데도 면복은 기

분이 얼마나 좋은지 이런 즐거운 마음을 주시는 하나님께 "내게 기술이 없으니 기술을 배우게 하려고 고장 난 줄 믿습니다"라고 감사의 고백을 올려드렸다. 그도 그럴 것이 하나님이 병을 낫게 해주시지 않았다면, 군대는커녕 이렇게 일을 할 수도 없었을 테니 말이다. 서울까지 가는 길이 아무리 멀고 험해도 찬송가 430장의 가사처럼 주와 같이 길 가는 것이 즐거울 따름이었다.

면복은 기계가 고장 나면 서울을 오가며 왜 고장이 났는지 연구했다. 언제까지 기계가 고장 났다고 서울에 갈 수는 없는 노릇이었다. 기계를 고칠 수 있다면 앞으로 장갑 공장을 운영하는 일도 수월해질 것이었다. 면복이 불평하기보다 감사의 기도가 나왔던 이유는 무엇이었을까? 면복은 당시를 회상하며 "그것은 나의 마음이 아니었습니다. 하늘의 은혜, 성령 하나님께서 역사하여 주신 것 같았습니다. 지금 칠십 평생을 뒤돌아보니 내 곁에 하나님이 계신지, 아니 계신지 모르는 것 같아도 항상 나의 곁에 계신 것을 알게 되었습니다"라고 고백한다.

4
—
하나님 앞에서 이룬
믿음의 가정

평생 동역자 현명희 권사와의 첫 만남

면복은 평생 동역자인 아내 현명희 권사와 1977년 2월 24일 백년가약을 맺고 하나님 앞에서 믿음의 가정을 이루겠다고 결단했다. 면복은 "당시 돈을 모으기보다 공장 시설을 증설했습니다. 아내 현명희 권사가 그곳을 보았다면 아마 결혼하지 않았을 것입니다"라며 현명희 권사와 가정을 이룰 수 있었던 것도 모두 하나님의 은혜였다고 고백한다. 용원교회 당회록에 면복과 현명희 권사의 결혼 시기를 엿볼 수 있는 기록이 있다. 강영진 목사가 용원교회를 시무할 때인 1977년 3월 27일 당회록에는 현명희 권사가 이명한다는 내용이 있다. 현명희 권사도 정든 친정집을 떠나 남편이 된 면복과 함께 지금까지와는 다른 새로운 삶으로 나아갔다는 기록이 용원교회 역사와 함께 남아있는 셈이다.

당시 공장에서는 사람을 쓰려면 식사를 제공해주는

것이 일반적이었다. 면복은 공장을 하면서부터 사람들을 고용했다. 처음부터 직접 면직을 짜지는 않았다. 수동 기계에서 반자동 기계를 들여온 것을 보면 면복의 사업가로서의 자질을 엿볼 수 있다. 장갑 공장이 막 자리를 잡아가는 시점에 미래를 내다보고 투자를 아끼지 않았다. 모두가 하나님의 은혜였다. 면복은 한밤중이라도 기계가 고장이 나면 밤을 새워가며 기계를 고치기 위해 애썼다.

결혼은 단순히 고용인들의 식사 준비를 위해서도 필요했지만, 나날이 커져가는 주님에 대한 사랑을 함께 나눌 평생의 동역자를 만나고 싶다는 마음도 더욱 커져만 갔다. 어느 날 면복에게 두 군데에서 중매가 들어왔다. 하나는 강기순 권사가 조카딸을 소개해 주었지만 마음에 들지 않았다. 면복은 성경 모임의 정인숙 선생이 마음이 들었다. 하나님이 허락하신다면 자신의 부족함을 채워줄 신앙적으로 성숙하고 고등교육을 받은 사람과 결혼하고 싶었다. 정확히 무엇이라고 설명할 수는 없지만 왠지 모르게 그런 사람이라면 자신을 좋아할 것 같다는 확신 아닌 확신도 있었다.

그러던 와중에 여주에 살고 있는 면복의 6촌 누나를 통해 중매가 들어왔다. 6촌 누나가 출석하고 있는 교회 교인이었다. 바로 면복의 아내가 될 현명희 권사의 고모였다. 현명희 권사의 고모가 생각하는 배우자로서의 조건은 무척 단순했지만, 가장 기본적인 것이기도 했다. 잘사는 집안인지, 돈은 많이 버는지를 떠나 다른 것은 필요 없고 무엇보다도 '하나님 앞에서 신실하며 교회만 잘 다니면 좋다'는 것이었다. 면복도 그 조건이 마음에 들었다. 간절한 면복의 기도에 대한 하나님의 응답이었다.

당시 배우자를 찾던 면복뿐만 아니라 혼기가 찼던 현명희 권사도 중매가 들어오던 때였다. 한 청년은 서울에서 장사를 하면서 자신의 가게도 있고 재력도 있었지만, 하나님을 믿지 않았다. 다른 청년이 면복이었다. 면복은 아무것도 가진 것은 없었지만 예수님을 영접하고 믿음의 삶을 살고 있었다.

맞선자리에 나간 면복은 처음 만난 현명희 권사가 마음에 들었다. 그 당시에 현명희 권사는 집안일로 인해 교회를 제대로 다니지 못하는 상황이었다. 그런 환경마저도 면복의 마음을 움직이게 했다. 지금의 모습보다 더 말랐던 현명희 권사의 모습을 보며 면복은 안타까움을 금할 길이 없었다. 처음 만난 자리지만 이상하게도 현명희 권사의 모습에 자신이 더 마음이 아팠다. 예쁜 얼굴이지만 앙상한 체구인 현명희 권사를 보며 혼자 생각했다. "지금은 살이 없지만, 나와 함께하면서 세월이 가면 살이 붙을 거야. 반드시 그렇게 만들거야"라고. 처음 만났지만 현명희 권사는 면복에게 여자로서나 아내로서 더할 나위 없는 하나님이 예비하신 사람으로 느껴졌다.

첫 만남 이후 면복은 현명희 권사를 만나고 싶은 마음에 한달음에 현 권사의 집을 찾아갔다. 더 기다릴 것도, 주저할 것도 없었기 때문이다. 면복은 미래의 장인어른에게 이렇게 말했다. "아버님, 딸을 주시기만 하면 잘 살겠습니다. 제가 지금은 가진 것이 없습니다. 하지만 앞으로 잘살 것입니다. 농사, 서울, 기술, 귀향 후 사업, 나는 부자로 살 것입니다. 도시에 가서 기술을 배운 후 고향에 가서 사업을 하려고 합니다. 그런 꿈과 비전이 있습니다."라고 선포하듯 말했다. 하나님이 주시는 확신과 당당함, 실천력과 집중력 있는 모습이 장인의 마음을 움직이게 했다. 장인 역시 재력은 있지만 하나님을 믿지 않은 청년보다 지금 당장은 가진 것 없지만 모든 삶을 주님께 의탁한 면복을 사윗감으로 내심 낙점했다. 현명희 권사 역시 자신의 남편감으로 면복을 선택하는 일을 주저하지 않았다.

그렇게 일사천리로 결혼식 날짜가 정해졌다. 그 당시 면복의 장인은 현명희 권사에게 결혼식을 올릴 곳으로 서울과 충주 중에서 결정하라고 했다. 현명희 권사는 충주에서 결혼식을 진행하기로 결정했다. 결혼식과 폐물 준비를 위해서 면복의 장모가 충주에 도착했다. 면복도 작은형수와 함께 충주 시내에서 장모와 만나기로 했다.

면복은 장모에게 "여기까지 왔는데 집에 들르고 가시죠?"라고 말했다. 신혼집은 장롱이 들어오지 못할 정도로 작은 곳이었다. 면복이 현명희 권사와 결혼을 앞두고 있었을 당시 처가댁은 집이 대궐 같은 기와집으로 대청마루가 있었을 정도였다. 땅도 있었고 보리밥도 구경하지 않고 부족하지 않게 살았다.

인간적인 시선으로 볼 때 처가댁과 비교해 한없이 초라할 수 있었던 상황에서 가진 것도 없는 면복은 어떻게 장모에게 그런 말을 할 수 있었을까? 면복은 하나님의 은혜로 살기에 당당할 수 있었다. 스물일곱 살 젊은이였지만 어른 앞에서도 주저하지 않고 "저는 잘 살 것입니다"라고 당돌하게 말했던 것이다. 당돌하면서도 당당한 면복의 모습에 장모님은 "야! 충주 놈도 보통 놈은 아니더라, 시집가도 잘 살겠다"라는 말을 남겼다고 한다.

결혼식 첫날밤에
신랑을 찾으러 간 신부

그 당시에 반자동 기계 두 대를 운용하고 있다는 것은 면복에게 늘 자랑이었고 자신감이었다. 1970년대에 밤낮으로 돌아가는 공장을 운영해보지 않은 사람들이라면 평생 이해하지 못할 자부심일 것이다.

심지어 면복은 결혼식 첫날밤에도 공장에 갔을 정도로 일에 열심이었다. 보통 첫날밤이라고 하면 새신랑과 새 신부를 위한 시간이겠지만, 면복은 공장에서 오버로크가 잘 되지 않는다는 소식을 듣고는 사랑스런 신부를 뒤로하고 공장으로 달려갔다. 하나님이 일으키시고 세우신 믿음의 기업을 제대로 운영해야 한다는 책임감에서였다.

그렇게 면복은 새벽 4시에 집을 나서 공장에 도착해 오버로크 미싱을 만지고 있었다. 당시 면복과 현명희 권사는 신혼여행도 가지 않았다. "어디에 있든 당신과 함께 있으면 됐지"라는 마음이었다. 한편으로는 이제 막 자리 잡아가는 공장 일을 손에 놓을 수 없었다. 그만큼 면복은 "일이 중요하지"라면서 단순하고 우직하게 하나님과 동행하며 자신의 일에 충실한 삶을 살아왔던 것이다.

신혼집은 셋째 형 면만의 집, 처음에 장갑 공장을 하던 자리에 살림을 차렸다. 큰 기와집에서 살던 딸을 시집을 보냈더니, 옆에는 화장실, 소 외양간, 사랑채, 곁방에 사는 것을 보고 장인이 두 번이나 놀랐다. 사이사이에 집은 좁고 뒤에는 산뿐인 집을 보고 면복의 처제는 시집간 언니가 너무나 불쌍해 보여 신혼집 뒤에 가서 울지 않을 수 없었다. 면복은 속으로 생각했다. "아하 나는 잘 살 것인데 정 그러면 언니 데리고 가지…"

꿈에 그리던 결혼을 하고 본격적으로 장갑 공장을 시작하면서 면복은 가장 분주한 시기를 보냈다. 이제는 자기 자신뿐 아니라 아내와 가정도 건사해야만 했다. 하나님은 면복과 현명희 권사 사이에 1남 2녀의 자녀를 허락해주셨다.

또 면복은 현명희 권사와 가정을 이룬 1974년에 집

사로 임명됐다. 용원교회 당회록은 면복이 아기 예수
님의 탄생을 축하하는 성탄절인 1974년 12월 25일에
집사 직분을 받았다고 기록하고 있다. 면복은 1974년
가정, 교회, 사업 등 인생의 모든 영역에서 새로운 전
기를 맞이했다.

5

—

하나님이 주신 은혜와
감사의 고백

하나님의 은혜로
감사할 뿐이다

하나님은 면복의 삶과 사업 가운데 항상 동행하셨다. 면복이 늘 변함없이 "하나님은 잠시 잠깐도 나를 떠나지 않으신 것 같습니다"라고 고백하는 이유다. 사업으로 바쁜 가운데서도 신앙생활은 그 누구에게도 지지 않을 정도로 참으로 열심히 했다. 그에게 하나님의 말씀을 듣고, 찬양하는 일은 언제나 1순위였다. 면복은 "모든 것이 하나님의 은혜입니다"라는 말을 평생의 고백으로 삼았다.

정순식 권사는 면복의 가정이 속한 구역에서 강사(인도)를 했다. 마제, 신석, 온수골(상촌)도 베델 구역이었다. 당시 이희전 목사가 그렇게 만들었다. 정순식 권사가 구역예배에서 대표 기도를 할 때면 "최면복을 기둥같은 집사가 되게 해 달라"라는 면복을 위한 중보기도가 빠지지 않았다. 정순식 권사 외에도 주위에서 면복을 위해 그렇게 기도하는 이들이 적지 않았다. 많은 교인이 "최(면복) 집사가 잘못되면 안 된다"라고 기도해주었던 것이다. 이에 화답하듯 면복 역시 "나는 죽어도 용원교회, 살아도 용원교회에서 떠나지 않고 신앙생활하겠습니다"라고 하나님께 평생 헌신하겠다는 다짐의 기도를 올려드리곤 했다. 이처럼 면복이 예수님을 영접하고 평생을 하나님께 의탁하며 신앙생활을 할 수 있었던 것은 처음의 열정을 잊지 않고 매 순간 주님과 동행하는 삶을 살아온 면복 개인의 신앙과 함께 그를 위해 기도를 잊지 않았던 믿음의 선배들의 중보가 있었기에 가능했을 것이다. 면복은 그들의 바람대로 용원교회를 떠나지 않고 고향 마을 입구에 있는 느티나무처럼 교회를 지켰다.

그러다가 면복은 경영하는 장갑 공장을 용원교회로 옮겼다. 그 당시 용원교회는 성경학교를 세웠다. 용원교회 성경학교는 중등교육을 가르치는 기관이자 비인가 학원 같은 형태로 운영됐다. 생극이라는 지역에 살던 주민들이 생극중학교를 설립한 것을 보고 용원에서도 성경학교를 설립한 것이다. 그 후에 신니면 사람들과 수청 지역 주민들이 학교 부지를 기증했다. 이와 같은 과정을 거쳤기에 성경학교가 있던 자리는 교회 부지라 할 수 없었다. 지금의 신니중학교가 수청에 설립되었던 연유에는 이런 배경이 있었다.

용원교회 당회록에서도 1978년 7월 30일 강영진 목사가 담임목사로 시무할 때, 면복에게 "교회 별관 두 칸을 빌려주되 한 칸은 이유 없이 다른 한 칸은 임대계약(원하면)하기로 하고, 교회가 필요할 때는 이유 없이 두 칸 모두를 내어주기로 하다"라고 기록하고 있다.

공장이 교회 옆에 있다 보니 애로사항도 적지 않았다. 면복은 때때로 '기계 소리가 시끄럽다', '먼지가 심하게 난다' 등 목사 부부나 교인들에게 핀잔을 듣기도 했다.

세월이 지나 성경학교가 폐원했다. 원래 성경학교가 있던 자리는 교회 것이 아니었기에 그 부지를 교회에서 매입하게 되었다. 그때 당시 교회에서 부지를 매입해 교회를 확장해야한다는 의견이 나오곤 했는데, 강광석 장로의 논이 거기에 있었다.

면복은 교회에 돈도 없는데 어떻게 해야 할지 아내

현명희 권사와 의논하는 시간이 많아졌다. 면복 부부는 "우리는 헌금할 돈도 없는데 어떻게 해야 할까?"라며 고민이 깊어졌지만, 믿음으로 결단하기에 이른다. 하나님이 거하실 새로운 성전을 세우는 일에 과부의 두 렙돈이라도 보탬이 되고 싶은 마음으로 가득 찼다. 넉넉하지 않은 환경이었지만 많지 않았던 패물 중에 결혼반지와 지연이의 백일반지 등 모든 금붙이를 교회에 헌금했다. 건축헌금을 채우기에는 너무나도 보잘것없는 것일지도 모르지만 면복과 현명희 권사는 하나님께서 기쁘게 받아주실 것임을 확신했다.

어려운 사업과
교회 건축헌금

　성경학교 자리까지 확장해 지은 교회에서의 공장은 하나님의 은혜 덕분인지 더욱 성장했다. 그러나 교회를 신축해야 해서 부득이하게 이사를 가야할 상황이었다. 면복의 옆집에 살던 전 형은 한수면 사람인데 용원으로 이주해 충주댐 보상으로 매입한 집에서 살았다. 그곳 돼지우리 자리로 공장을 옮겼다. 면복은 교회 완공 후 이사할 집을 어디로 정해야 할지 고민하다가 성경학교 당회실 자리에서 새롭게 살림을 시작했다.

　성장에 성장을 거듭한 공장은 반자동 기계 스무 대를 돌리는 규모로 자리를 잡았다. 1976년 군 제대 이후 수동 기계로 공장을 시작했던 면복으로서는 감회가 새로울 수밖에 없었다. "하나님, 참 많이 성장했습니다"라는 감사의 고백이 절로 나왔다. 1978년에는 교회 건물 두 칸을 임대해 공장을 운영했다. 군대에서 제대하고 1~2년 사이에 무척이나 빠른 속도로 성장한 셈이다. 250만 원 상당의 기계 두 대를 추가로 구입했다.

교회가 건축을 앞두고 헌금이 필요할 때는 수중에 가지고 있는 돈은 없었지만 새 기계 한 대 비용 250만 원, 도합 기계 두 대 값인 500만 원을 대출받아서 교회 건축을 위해 헌금했다. 새로운 성전 건축에는 대략 2,500만 원이 필요했다.

면복은 교회가 완공된 이후인 1982년 장로 장립을 받았다. 장립 후 2년이 지난 1984년, 면복은 "하나님, 교회도 다 지었고 제가 돈을 많이 벌어야 합니다"라는 기도를 드렸다. 하나님은 면복의 기도대로 이루어주셨다. 조준동 목사가 용원교회에 시무할 때, 괴산군 대성교회 건축헌금을 열 번이나 할 수 있었을 정도였다. 하지만 면복은 대성교회가 건축을 진행하는 과정을 지켜보면서 "교회는 형식적으로 하면 교회 건축이 쉽지 않겠구나"라는 생각이 들었다.

1980년대 용원교회 교육관 끝 플라타너스 밑에 정자가 있었다. 그때 담임목사인 조준동 목사는 "교회 건축헌금은 평범하게 하면 안 되고 분에 넘치게 힘껏 해야

한다"라고 말하곤 했다. 면복은 주의 종이 하는 말씀을 하나님이 하시는 말씀으로 받아들이고 늘 순종의 자세를 견지했다. "주신 이도 여호와시요 거두신 이도 여호와시오니"라는 욥의 고백을 면복 자신의 고백으로 삼았다. 조준동 목사의 말씀을 기쁨으로 받았던 것이다. '힘이 진하도록 하나님이 기뻐하시는 일을 하자' 그것은 다른 누구도 아닌 성령께서 면복에게 주셨던 마음이었다.

그 당시만 하더라도 집을 새로 짓기 위해서는 논밭을, 자식 공부를 제대로 시키기 위해서는 소를 팔았는데, 어려운 농촌에서 교회 건축을 하겠다고 결단하니 오랜 세월 동안 터를 잡고 살아온 어른들이 스물아홉 살 젊은이의 객기로 받아들이는 것도 무리는 아니었다. 그러나 교인들은 건축헌금을 있는 힘껏, 정성을 다해 드렸다. 면복의 가정처럼 패물을 팔아 건축헌금을 하는 교인이 적지 않았다. 그중에서도 정순식 권사는 서울에 가서 식모 생활을 했으며, 최옥분 권사와 하진수 집사도 서울에 가서 식모살이를 하면서 교회 건축헌금을 했다. 면복을 필두로 용원교회 교인들은 새로운 성전을 건축하겠다는 열망으로 시간과 물질을 아끼지 않으며 헌신을 다했다.

한창 건축헌금을 할 당시에는 부채를 다 갚지 못한 교인도 많이 있었다. 분명 안타까운 면도 있었다. 아쉬운 것은 정작 충분히 헌금을 할 수 있는 교인들은 건축헌금을 하지 않고, 오히려 형편이 어려운 교인들만 하고 있었다는 점이다. 주님의 일을 하기 위해 자신이 처한 상황과는 상관없이 믿음으로 반응하느냐 마느냐의 문제였다. 어려운 형편에도 헌금하기를 주저하지 않았던 면복과 소수의 교인은 하나님이 기뻐하실 후자를 선택했다. 면복은 주위에서 누가 하라고 해서 하는 스타일이 아니고 스스로 깨닫고 결단이 섰을 때 헌금을 했다. 하나님의 말씀을 그대로 받아서 그대로 실천한 것이다.

용원교회가 건축을 위해 애쓰던 당시 조준동 목사는 면복에게 많은 사랑을 베풀었다. 조준동 목사는 핏업 르망 오토바이를 타고 장갑을 배달하러 가는 면복의 모습을 자주 보곤 했다. 눈이 많이 온 날에는 미끄러운 비포장도로에서 오토바이가 넘어지는 일이 많았다. 그런 모습을 본 조준동 목사는 눈물을 멈출 수 없었다. 면복도 세월이 지나서 생각해보니 조준동 목사에게 특별한 관심을 많이 받아왔다는 걸 느낄 수 있었다. 교회와 목사 섬기기를 주님께 하듯 매사에 열심이었던 면복은 에스더처럼 죽으면 죽으리라는 마음가짐으로 시간이 되면 모든 공예배를 빠짐없이 드렸다. 아내 현명희 권사도 아무리 몸이 아프고 힘들어도 예배에 참석했다. 현 권사는 면복처럼 "성가대에서 쓰러져 죽어도 교회 가서 죽자!"라는 마음으로 신앙생활을 했다.

이런 가운데 면복은 자신이 했던 서원 기도를 떠올렸다. 이제는 자신의 공장을 가져야 할 시점이 온 것 같아서 충주 시내 한 건물 지하에 공장 터를 얻었다. 그곳은 현재 충주터미널 건너편 자리다. 그러던 어느 날, 정순식 권사가 새벽 예배 후 아내 현명희 권사를 만나 면복을 찾기 시작했다. 그런데 마침 배달 중이었다. 대뜸 정 권사는 "하나님 앞에 기도하던 중에 최 집사가 우리 교회를 떠난다고 해서 가보라고 해서 왔습니다. 진짜로 이사를 가려고 합니까?"라는 말로 면복을 놀라게 했다. 하나님께서 정 권사를 통해 면복에게 주시는 말씀이나 다름없었다. 너무나도 분명해 보이는 하나님의 사인에 면복은 항복할 수밖에 없었다. 면복은 충주 시내로 나가려던 계획을 포기하고 공장 터 계약도 없던 일로 했다. 그럼에도 아쉽지 않았던 것은 하나님이 여러 방법으로 자신에게 말씀해주시고, 인도해주신다는 든든함을 느꼈기 때문이다.

장로 장립을 받으면서 면복은 "나도 때가 되면 부자로 살아야 되는데…"라는 꿈을 꾸었다. 집도 장만하고 공장도 짓고 싶었다. 어린 나이에 어머니를 여의고 아버지가 홀로 자식들을 부양하며 고생했던 일이나 형들이 남의 집 머슴살이하는 모습을 곁에서 보고 자란 면복에게 가난은 반드시 벗어나야만 하는 일생의 목표 같은 것이었다. 더군다나 하나님께서는 죽을병이나 다름없었던 결핵도 낫게 해주신 능력의 하나님이 아니신가. 병 고침이라는 극적인 체험을 경험한 면복에게는 확신이 있었다. 하나님께서는 당신의 자녀를 축복하실 것이라는 믿음을 붙들고 어떤 고난과 역경을 마주하더라도 한 걸음 한 걸음 나아가는 소망의 삶을 살고 싶었다.

1984년도에는 몇 개의 기도 제목을 정하고 마음을

작정해 새벽기도를 하고 있었다. 하나님 앞에서 잘 살기는 해야 하는데 도무지 어떻게 해야 할지를 몰라 천사를 붙잡고 씨름했던 야곱처럼 간절히 기도하면서 하나님의 이름을 목 놓아 부르며 새벽 제단을 쌓았던 것이다. 하나님의 뜻이 궁금할 때는 다른 방법이 없었다. 응답해주실 때까지 하나님을 찾아야 했다.

당시 얇은 장갑을 짜면 55g에 17만 원짜리도 가능했다. 원자재를 가지고 17만 원짜리로 짰다. 장갑 한 켤레는 가공료가 같았다. 그렇게 계산을 해보니 오늘 하루 장갑을 가져다주면 내일 팔 장갑이 하나도 없었다. 장갑이 없어서 못 팔았을 정도였다. 면복은 "아 이거구나!"라며 아내 현명희 권사에게도 말하지 않다가 10년이 지나서야 많은 수입이 있었다고 고백했다. 남들에게도 돈을 많이 벌었다고 결코 자랑하지 않았다.

기계를 담보로 대출받은 돈으로 건축헌금을 드리기로 결단했던 면복에게 하나님은 30배, 60배, 100배의 축복으로 돌려주셨다. 건축헌금 이후 약 6개월 동안 이익이 1억 5,000만 원에 달했던 것이다.

하나님으로부터 받은 사랑이 충만했던 면복은 하나

님의 은혜를 나누는 간증 집회에도 자주 초청됐다. 면복은 자신처럼 아무것도 없었던 사람도 하나님께 헌신하기로 결단하면 어떻게 쓰임을 받고 축복의 삶을 살 수 있는지, 자신을 통해 일하고 계신 하나님의 은혜를 나누고 싶은 마음에 간증자로 강단에 서는 일이 잦아졌다.

하지만 면복은 간증 집회를 인도하면서 "하나님이 주신 은혜인데, 내가 한 것처럼 자기 자랑으로 변질될 수 있겠구나"라는 깨달음을 얻게 됐다. 하나님은 면복을 완전한 포기, 내려놓음의 삶으로 이끄신 것이다. 곧 간증 집회에 초청하고 싶다는 연락이 와도 사양하게 됐다. 하나님과 동행하는 삶으로 가장 충만할 때, 자칫 잘못하면 인간의 자랑으로 삼다가 넘어질 수 있다는 교훈은 면복을 늘 겸손의 자리로 이끌었다.

6

—

하나님이 세우신
헌신과 봉사의 자리

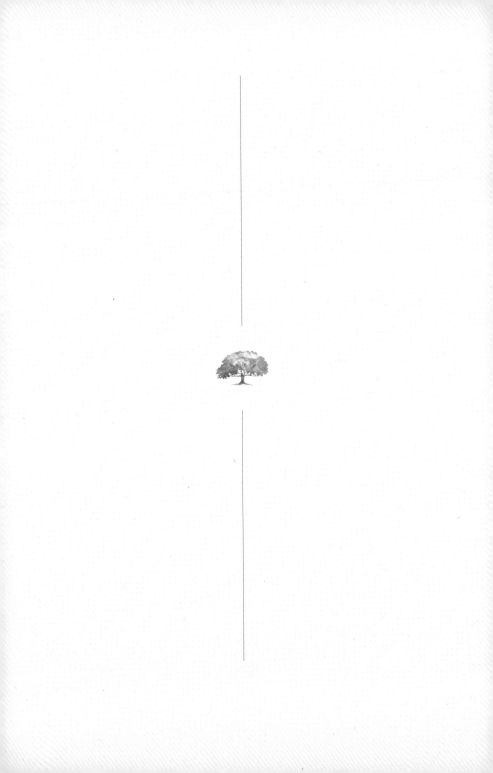

교회를 섬기는
장로로 세워지다

면복은 1982년 12월 6일 용원교회가 교회 건축을 마치고 헌당예배를 드릴 때, 만 30세의 나이로 장로가 됐다. 대한예수교장로회 통합 헌법을 살펴보면, 장로는 교회의 치리와 행정을 담당하는 교회를 대표하는 항존직으로 생활에서나 신앙적인 면에서 모든 교인이 모범으로 삼을만한 이를 장로로 임명한다는 것을 알 수 있다.

장로가 되기 전까지 면복은 충실히 교회를 섬겼다. 젊은 시절 결핵 판정을 받고 절망 속에서 헤매다가 병 고침을 받고 1970년 12월 27일 학습문답을 받은 면복은 1972년 1월 1일 이희전 목사가 시무할 당시 세례문답을 받기로 하고 마침내 세례교인이 됐다. 군 제대 이후인 1976년 12월 25일에는 서리집사로 임명받으면서 교회학교 총무와 성가대 총무로 섬겼다. 청년회장으로 섬기고 있었던 1977년 12월 25일에는 집사로 임명 받았다.

면복이 불과 만 30세의 나이로 장로가 된 것은 당시 시대적인 상황이 작용한 측면도 있겠지만, 하나님의 은혜로 결핵이 완치되고, 그 은혜에 평생 감사하는 마음으로 교회를 섬기는 모습을 모두에게 인정받았기 때문일 것이다.

주님의 이름 아래 영적인 가족으로 지내온 용원교회 교인들이 바라본 면복의 모습은 어떨까. 박종대 장로는 면복에 대해 "비가 오나 눈이 오나 오직 그 자리를 늘 지키시면서 거목처럼 교회를 위해 봉사와 기도로 헌신하셨다"라고 기억한다. 유순희 권사 역시 "교회가 어려울 때 기도하는 데 앞장서셨고, 물질로 힘껏 봉사하셨다"라고 고백한다.

이후 2022년 현재까지 면복은 만 40년 동안 용원교회를 떠나지 않고 조준동 목사, 최도종 목사, 임만재 목사, 현재 용원교회를 시무하고 있는 양진우 목사까지 당회원으로 섬기며 시무장로로서의 삶을 감당하며 살았다.

임만재 목사의 원로목사 추대식과 양진우 목사의 위임식이 열린 2016년 면복은 교회를 대표해 추대사를 낭독했다. 당시 면복은 "임만재 목사님은 1993년에 본 교회에 위임목사로 부임하여 2015년에 이르기까지 22년을 한결같은 모습으로 시무하여 생명의 말씀으로 설교하고 교인들을 심방하여 교회를 치리함에 있어 본을 세우고 덕을 베풀기를 즐겨하셨으며, 전심으로 전도와 교육에 노력을 다하셨습니다. 이제 목사님의 아름다운 뜻을 기리며 정년이 되어 은퇴하시게 되셨으므로 본 교회의 교인 일동은 목사님의 목회의 수고에 감사하며 교회와 노회 결의에 따라 용원교회 원로목사로 추대합니다"라고 했다.

면복은 장로로서 용원교회를 섬기는 일뿐만 아니라 노회와 총회에서의 섬김에도 앞장섰다. 전국장로대학 과정 6기 수료와 졸업을 시작으로 노회 차원에서는 충북노회, 충청노회, 충주노회에서 노회원, 시찰회 회원으로 활동했다. 또한 한남대학교 학제신학대학원 과정 3기생으로 졸업(부부)했다.

장로 최면복과
용원교회

    68년의 역사를 가진 용원교회를 설명할 때, 빼놓을 수 없는 인물이 면복이다. 1982년 장로 임직을 받은 이래로 수많은 목회자가 용원교회를 거쳐 가는 동안 면복은 용원교회를 지키는 든든한 버팀목이자 신앙의 그루터기 역할을 감당해왔다. 아내 현명희 권사 역시 2000년 11월 19일 권사 임직을 받은 이후 헌신과 봉사의 자리를 떠나지 않았다.

    용원교회의 시작은 1956년으로 거슬러 올라간다. 디지털충주문화대전에 따르면, 용원교회는 1956년 7월 21일 충청북도 충주시 신니면 용원리 유철희 성도의 자택에서 일군의 성도가 드린 창립 예배를 시작으로 이듬해인 1957년 5월 18일 흙벽과 함석지붕으로 만든 약 50㎡ 규모의 예배당을 건립하며 최소한의 기초를 다졌다. 1960년 3월 4일에는 미국 북장로회 선교부의 지원으로 사라호 태풍 때 파괴된 예배당을 신축하는 일도 있었다.

이후 용원교회는 1962년 8월 28일 대한예수교장로회 통합 충북노회로부터 설립 인가를 받았고, 1965년 1월 12일 제5대 교역자 김영식 전도사가 부임했다. 제6대 교역자 최순호 목사는 1967년 5월 5일, 강영진 목사는 1976년 12월 3일, 지현규 목사는 1978년 9월 14일, 조준동 목사는 1980년 6월 10일, 최도종 목사는 1989년 11월 30일, 임만재 목사는 1993년 12월 30일 각각 부임했다. 현 담임목사인 양진우 목사는 2002년 2월 1일 전도사로 부임하고 이후 부목사로도 시무했다. 2002년 10월 25일에는 소천한 이목래 장로를 교회장으로 장례식을 치렀다.

용원교회는 지역사회와 이웃 교회를 섬기는 일에도 열심인 교회다. 1971년 12월 3일 신용협동조합을 세우고, 1982년 12월 6일 다윗선교원(다윗어린이집)을 개원했다. 1996년 11월 11일 교회 창립 40주년을 기념해 개척교회 기금을 노회에 전달하고, 2006년 7월 23일에는 교회 창립 50주년을 맞아 청주길벗교회 개척을 지원했다. 2007년 12월 31일 350평 규모의 용원게이트볼장 대지를 제공하고, 2015년에는 성탄절을 앞두고 지역의 소외된 이웃을 위해 신니면 복지위원회에 100만원을 기탁했다.

또 민족의 비극인 6.25전쟁의 참상을 잊지 말자는 취지로 지역에 거주 중인 6.25전쟁 참전용사들을 초청하는 행사를 지난 1993년부터 진행하고 있다. 2013년에 열린 행사를 다룬 한 기사에서는 "용원교회는 지역의 6.25전쟁 참전유공자(초기 86명)를 초청해 매년 6월 25일을 전후한 주일에 최면복 선임장로와 250여 교인이 정성껏 마련한 음식과 선물로 대접하며 나라사랑과 호국의 뜻을 기리고 있다"라고 보도했다. 면복이 장로로서 교회 사역에 항상 앞장섰던 것을 이 기사를 통해서도 알 수 있다.

용원교회는 지역 섬김뿐만 아니라 해외 선교에 대한 지원도 아끼지 않고 있다. 2021년 기준으로 유영규·방승희 선교사(동북아), 나정희·서계향 선교사(탄자니아), 정상혁·신하람 선교사(CCC 본부), 안병갑·김정식 선교사(필리핀) 가정과 동역하고 있다.

면복은 젊은 시절 교회학교 교사와 성가대 봉사를 시작으로 2003년 3월 4일에는 다윗어린이집을 맡아 2004년 2월까지 원장으로 섬겼다. 2008년 11월 30일 홍순영 장로가 원로장로로 추대된 시기에 면복은 장로 근속 26주년을 맞았다. 2013년 7월 21일에는 장로 근속 31주년을 기념했다.

7

—

이웃을 향한
하나님의 은혜와 응답

아버님이 가르쳐주신 형제우애의 실천

1984년 6개월 동안 얻은 수입을 따져보니 무려 1억 원이 넘었다. 면복은 그 수입을 바탕으로 엄세용 씨에게 졌던 빚을 다 갚을 수 있었다. 엄세용 씨는 작은형의 사채 빚을 갚기 위해 면복이 돈을 빌리러 찾아갔던 사채업자였다. 면복은 사업을 하면서 부득이하게 김승동 권사, 이신자 권사에게 돈을 빌리는 일도 있었다.

장갑 공장이 궤도에 오르기 전인 1983년쯤에 면복의 작은형이 눈에 생긴 질병 때문에 '병신, 병신'이라는 소리를 들어야만 했다. 면복은 그런 상황이 너무나도 안타까웠다. 조금이라도 여유가 생긴다면 작은형을 돕고 싶은 마음이 가득했다. 당시 작은형수의 사촌 오빠가 사업을 하고 있었다. 사촌 오빠는 점점 경영에 어려움을 느끼자 작은형수에게까지 도움을 구했다. 생활이 어려웠지만 차마 외면할 수 없었던 작은형수는 사채까지 써가며 사촌 오빠에게 돈을 빌려주었다. 그런데 작은 형수의 사촌 오빠 공장이 결국 부도가 났다. 그 여파는 면복의 작은형에게까지 영향을 끼쳐 사채 이자에 시달리는 하루하루가 계속됐다. 아침마다 작은형이 형수와 자전거를 타고 가다가 차에 뛰어들어서 죽어야겠다고 한탄하면 형수가 말리는 상황이 반복됐다.

그 소식을 전해 들은 면복은 "아주머니(충주 지방에서는 형수를 아주머니라고 함) 걱정하지 마세요, 내가 갚아줄게요"라고 말했다. 사채를 모두 갚기 위해서는 도합 500만 원이 필요했는데, 면복은 다른 형에게 사채 갚을 돈을 빌렸다. 그 돈을 봉투에 담아서 작은형에게 가져다주었다. 면복은 사채를 8부 이자로 빌려서 형의 빚을 갚아주었다. 사채업자 엄세용 씨에게 "세상에 삼촌 같은 분은 없다"라는 말을 들을 정도였다.

당시 면복이 형에게 진 빚은 소 두 마리를 다 팔아도 갚지 못할 규모였다. 면복은 "이자는 잘 받으세요. 잘못되면 나는 야반도주할 거야"라며 배짱을 부리기도 했다. 그런데 기적이 일어났다. 결코 어려움이 와도 주저하지 않았고 과감하게 현장에서 믿음을 가지고 임했기 때문이었는지 하나님께서는 당신의 자녀를 결코 버려두지 않으셨다.

놀랍게도 면복은 작은형을 돕기 위해 사채까지 빌렸다는 사실을 아내 현명희 권사에게도 말하지 않았다. 결국 아내도 작은형 대신 지게 된 빚의 존재를 알게 되었지만, 싫은 내색 하나 없이 그 후에도 반대하지 않고 면복을 지지해주었다. 현명희 권사라고 어떻게 불안하지 않고 걱정이 되지 않았겠냐마는 평생의 동역자이자 하나님 앞에서 평생을 함께하겠다고 서약한 면복을 믿었던 것이다. 그래도 면복은 끝까지 형들에게 하는 것에 대해서 아내에게 말하지 않았다.

심장이 나빴던 둘째 형 면선은 시간이 지날수록 점점 숨 쉬는 것마저 힘들어하는 지경에 이르렀다. 병원에선 큰 수술이 필요하다고 했다. 하지만 수술비가 걱정이었다. 수술비만 무려 800만 원이나 들어서 면선은 도무지 수술할 엄두가 나지 않았다. 그 당시 800만 원이면 무척 큰돈이었다. 면복은 자신도 넉넉하지 않고 형편이 좋지 않았지만 수술비가 없이 치료하지 못하는 면선을 위해 형의 심장판막증 수술비를 마련해줬다.

그런 가운데서도 당시 담임목사 사택을 건축하기 위한 300만 원의 융자도 감당하는 믿음의 결단을 내렸다. 면복에게는 그런 것이 어렵지 않았다. 믿음대로 반응하면 하나님이 그대로 응답해주셨다.

다행히 둘째 형 면선은 한양대학교병원에서 수술을 받고 건강을 회복할 수 있었다. 면복과 함께 용원교회 집사였던 면선은 수술 후 고된 농사일을 계속할 수 없게 되자 생활비를 벌기 위해 충주 시내 소방서 옆 아파트 공사장에 일하기 시작했다. 하지만 회복의 기쁨을 제대로 누릴 기회도 없이 안타깝게도 면선은 수술 후 1년쯤 지난 어느 날, 삼복더위 가운데 공사판에서 일하다가 하나님의 부름을 받았다. 면복에게는 또 한 명의 형제가 자신의 곁을 떠난 너무나도 슬프고 비극적인 순간이었다. 면선은 최도종 목사가 용원교회에서 시무할 시기에 소천했다.

교회 성도들이
사업에 합류하다

    면복은 천 장로와 함께 5,000만 원으로 충주 푸르지오를 구입한 일이 있었는데, 그 땅이 무려 14억 원의 보상을 받게 되었다. 그 돈으로 1985년식 새 기계를 샀다. 총 3,500만 원을 들여서 기계 열 대를 구입했다. 갑자기 생긴 큰돈으로 현실에 안주할 수도 있었지만, 면복은 계속해서 미래를 생각했다. 지금은 말표장갑의 성장을 위해 투자에 나설 때였다. 그리고 현재 말표장갑이 있는 곳(충북 충주시 신니면 용원리 276-10)으로 1986년도에 이사했다. 장갑 공장도 집 앞에 30평 땅을 구해 신축했다. 그즈음 교회 담장을 쌓는 공사를 했는데 그 건축자재는 외상으로 처리했다. 면복은 자신의 일을 충실히 하면서 얻는 수입으로 얼마 지나지 않아 외상도 다 갚을 수 있었다.

    이만준 형이 공장을 건축할 때 김철수 장로가 일꾼

으로 일했다. 김 장로는 밥만 먹으면 쉬지 않고 열심히 일했다. 그 상황을 딱하게 봤던 면복이 "왜 김철수 씨는 일만 해요?"라고 묻자 김 장로는 "내 신세에 쉬면 무엇해요. 돈 벌어야죠. 집도 없는데 터만 있으면 집을 짓겠네요"라고 답했다. 그 말을 들은 면복이 "그래요? 우리 공장을 다 짓고 나면 우리 집 앞에 집 짓고 사세요"라며 면복의 집 근처에 15평의 집을 짓고 살 수 있도록 땅을 내어주었다. 김철수 장로는 공장 건축이 끝나고 바로 자신의 집을 지었다. 김 장로의 집은 공장을 짓다가 남은 건축자재로 금방 지을 수 있었다.

시간이 지나 공장이 협소해지자 면복은 900만 원을 주고 김철수 장로의 집을 매입했다. 김 장로의 집은 신고제로 지은 집이었는데, 900만 원을 종잣돈으로 삼아 김 장로는 원평리에 집을 지었다.

면복은 교회를 건축한 후에 지금 살고 있는 집을 1,600만 원에 샀다. 계약하고 얼마 지나지 않아 다 벌어서 갚을 수 있었다. 교회도, 공장도 새로 짓고, 새로운 집으로 이사하니 이 모든 것이 하나님의 은혜가 아니면 이룰 수 없는 것이었다.

날로 성장해가는 면복의 공장을 지켜보던 용원교회 성도 중에서 김영흔 장로가 처음으로 1984년경에 면복을 따라 장갑 사업을 시작했다. 김영흔 장로가 자리를 잡아가는 데 이복영 권사가 기술적으로 많은 도움을 주었다. 차츰 어 장로, 강경선 집사, 최 장로, 이명우 집사를 비롯해 예성교회에서도 장갑 일을 시작했다.

성덕, 정원, 용욱과 놀던 이명우 집사의 둘째 아들이 추석날 도로에서 교통사고로 사망하는 비보가 전해졌다. 그 동네는 당시만 하더라도 유독 교통사고가 많았다. 이명우 집사의 아들은 면복의 아들 성덕보다 한 살 어린 나이였다. 갑작스럽게 자식을 떠나보낸 슬픔에 가슴 아파하는 그를 보던 면복은 장갑 공장을 권했다. 무엇이라도 새롭게 일을 시작하면 아들을 잃은 슬픔을 조금이나마 잊을 수 있을 것 같았기 때문이다.

감사하게도 면복의 권유대로 장갑 공장을 시작한 이명우 집사의 사업은 성공적이었다. 이 집사는 충주에서 공장을 하면서 상가를 매입하는 수완을 발휘해 돈을 많이 벌었다. 이 집사가 면복을 은인으로 생각하는 것도 무리는 아니다. 면복의 권유가 아니었다면 아들을 잃은 슬픔에서 헤어 나오는 일도, 번듯이 성공하는 일도 늦춰졌을지 모를 일이기 때문이다.

이명우 집사의 성공과 감사하는 마음에 기꺼워하던 면복에게도 아쉬움은 있었다. 가장 알 수 없는 것이 사람의 마음일까. 면복은 당시를 회상하며 "그런데 다른 사람들은 고마움을 잘 모르는 것 같습니다. 답이 없습니다. 빈말로도 고맙다는 말이 없었습니다. 재미 보았던 사람은 많았지만 그렇게 했습니다"라고 씁쓸함을 드러내기도 했다.

8
—
나를 향한
하나님의 은혜와 사랑

난데없는 세무조사와
성실납세자 표창

　지역에서도 인정하는 건실한 기업인으로 성장한 면복은 35세가 되던 해에 충북메리야스공업협동조합 이사장이 됐다. 대한니트연합회 이사를 역임하고, 2003년 5월 2일에는 국제라이온스 355-F(충북)지구 총재로 당선됐다. 면복은 1980년 라이온스클럽에 가입한 이래로 모범적인 라이온스 회원으로 인정받아 공로상, 총무상, 유공상, 봉사상 등을 수상했다.

　국제라이온스협회는 "우리는 봉사한다(WE SERVE)"라는 모토를 가지고 활동하는 국제적 사회봉사단체다. 한국라이온스협회는 불우이웃·장애인 돕기, 고아원·양로원 지원사업을 비롯해 장학사업, 재해 발생 시 기부에도 앞장서고 있다.

　이런 창립 정신에 걸맞게 총재로 당선된 면복은 "라이온스가 봉사단체인 만큼 형식적이고 전시적인 활동

대신 어느 것이 사회에 필요한 것인지를 깊이 생각하고, 사회가 요구하는 방향으로 봉사활동을 전개해 나가겠습니다. 성심성의껏 사회에 기여하고, 빛과 소금과 같은 라이온스가 되도록 지도적 역할을 하고 싶습니다"라며 당선 포부를 전했다.

당시 면복의 총재 당선 소식을 전한 한 언론에서는 "라이온스 가입과 비슷한 시기에 교회장로로 활동한 그는 이때부터 본격적인 사회봉사에 나서 지금까지 대략 1억 원 상당을 불우시설 지원과 장학금으로 기부했다. 최 총재는 지난해(2002년) 3억 원을 마련, 모교인 충주시 용원초등학교에 장학재단을 설립해 올해 첫 수혜자를 배출하는 등 후배 사랑에도 앞장서고 있다"라고 봉사와 나눔에 앞장선 면복의 삶을 조명하기도 했다.

면복은 총재로 활동하는 과정에서 미국 덴버에서 개최된 세계연차대회에도 참석해 이태섭 총재가 세계 총재로 취임한 뜻깊은 자리에 동석하는 영광을 누리기도 했다.

면복은 사업과 함께 충북메리야스공업협동조합 이사장, 국제라이온스 355-F(충북)지구 총재 활동을 병행하면서 강의나 간담회를 통해 정치인들을 접하는 기회도 늘어났다. 도지사 간담회, 노태우 대통령 시절에는 청와대 간담회에도 참석했다. 중소기업중앙회, 기업인 초청 행사 등을 다니면서 경영자로서 늘 근면하고 부끄럽지 않게 살기 위해 노력했다. 그런 면복의 삶에 보답이라도 하듯 충청북도에서 제정한 충북 중소기업상과 국무총리상도 수상했다.

1997년에는 난데없는 국세청 세무조사에 시달려야만 했다. 누군가가 승승장구하는 면복의 사업을 시기했던 탓인지 국세청에 '최면복이 탈세했다'는 식으로 밀고하는 어처구니없는 일이 발생한 것이다. 두 명의 조사관이 파견돼 면복의 장갑 공장을 샅샅이 조사하기 시작했다. 면복으로서는 억울함을 이루 말할 수 없는 지경이었다. 이로 인해 면복은 '세금 떼먹고 부자가 됐다'는 소리를 들으며 근거 없는 비난을 감수해야만 했다.

면복은 당시 국세청 조사에 대해 "사실 저는 강원도 최전방 21사단에서 군 복무를 마쳤습니다. 그런 마음으로 국가에 헌신을 했습니다. 국가는 세금 탈루 조사를 한다며 일주일간 힘들게 했습니다. 누군가 민원을 넣었기 때문에 그렇게 했습니다. 1990년 이후부터는 회사 컴퓨터를 완전히 공개했습니다. 거래처, 계산서를 작성할 때에도 정확하게 했습니다. 세미나를 들으며 세금 탈루했다는 소리를 들으면 안 된다고 생각했기 때문이었습니다"라고 회상했다.

조사를 했지만 정작 드러나는 비리는 없었다. 아무리 조사해도 혐의가 나오지 않았다. 도리어 면복이 납세의 의무를 다하며 하나님 앞에서도 한 점 부끄러움 없이 공장을 경영해왔다는 사실이 밝혀지는 반전만 남은 셈이었다. 조사를 마친 국세청 직원들이 어느 날 아침에 찾아와 보름쯤 후에 세무서에서 자술서를 쓰라고 통보했다. 탈세한 것이 없으니 무혐의 서명을 하라는 것이었다. 무혐의라는 것은 고발한 사람이 있어서 그렇다고 안내했다.

몇 달 후에는 자주 전화가 오더니 국세청장상을 상신하려고 한다는 소식을 전해줬다. "사장님 같은 분이 상을 받아야 한다"라며 납세의 날에 상을 준다는 것이었다. 세무조사를 당하고 나니 오히려 상을 받게 된 것이다. 그 덕분에 면복은 몇 년 동안 공항을 이용할 때

VIP 룸을 이용할 수 있었다. 면복은 예상치 못한 세무 조사라는 고난과 역경 가운데서도 "사람들은 탈세하는 것을 자랑으로 여긴다고 합니다. 그러나 하나님의 사람인 나는 그렇게 하지 않았습니다"라는 자신의 경영 철학과 신념을 다잡으며 중심을 잃지 않았다.

면복은 스스로 자랑스러웠다. 한눈팔지 않고 열심히 일해서 성실납부자로서 상을 받았다는 것에 큰 자부심을 갖게 되었고, 그 영광을 하나님께 돌렸다. 당시 담임목사였던 임만재 목사는 "그것은 자랑거리가 아니야. 그것은 별게 아니야, 새마을지도자상을 받아야지…"라고 면복이 자만하지 않도록 격려했다. 사업을 하면서 정도를 걷는다는 자부심은 가지고 있었을망정 교만하지 않았던 면복 역시 들뜬 마음을 갈무리하기 위해 노력했다. 열심히 일하고 정도를 벗어나지 않는 경영 덕분이었을까. 면복의 수상 행렬은 국세청장상에서 멈추지 않았다. 새마을지도자상보다 더 높은 국무총리상을 받게 됐다. 국무총리상은 중소기업 충북 본부에서 상신했다. 또 면복은 중소기업을 견실하게 성장시킨 성과를 인정받아 모범 중소기업상도 수상했다.

2005년에는 제19회 섬유의 날을 맞아 산업자원부 장관 표창을 수상했다.

위암을 극복하게 하신 하나님

2004년 50대 초반이 된 면복에게 위암이 발병했다. '젊은 시절 결핵에 이어 이번엔 위암이라니…'라는 불평이 나올법한 상황에서도 면복은 하나님께서 주신 생명을 주님께 맡기고 치료받기로 단단히 마음을 먹었다. 하나님이 자신을 사용할 일이 남았다면 벌써 데려가시진 않을 것이란 확신도 있었다.

하지만 아산병원에서 수술을 해주길 원했던 위암 권위자는 이미 수술 스케줄이 가득 차서 그에게 수술을 받으려면 오래 기다려야하는 상황이었다. 하루가 급한 수술이었기에 면복은 의료진을 믿고 수술하기로 결심했다. 그런데 수술 당일 아침에 원래 수술을 받으려고 했던 위암 권위자인 의사가 병실로 찾아오는 기적 같은 일이 일어났다. 그 의사는 "다른 수술 스케줄이 취소되어서 오늘 내가 최면복 환자의 수술을 하기로 했습니다"라며 면복을 안심시켰다. "아, 하나님께서 예비해주신 은혜로 받아들이고 수술실에 들어가자"라고 고백하며 면복은 한결 가벼워진 마음으로 수술실로 향했다.

아내 현명희 권사와 친지들이 기도하며 면복의 수술이 무사히 끝나기를 기다렸다. 수술을 잘 마친 면복은 기다리던 아내 현명희 권사를 향해 환하게 웃으면서 "할렐루야!"라며 하나님께 영광을 돌렸다. 수술은 성공적이었다. 그렇게 하나님은 결핵에 이어 위암까지 질병의 골짜기에서 면복의 생명을 두 번씩이나 살리시고 연장시켜주시는 은혜를 베풀어주신 것이다. 주님은 여전히 이 땅에서 면복을 통해 하실 일이 남아있었다.

면복은 지금도 "나는 내가 하는 줄 알았는데 은혜를 경험하고 보니 모두 하나님께서 하신다는 것을 알게 되었습니다"라고 고백한다. 면복은 위암 수술을 받은 이후 치료해 주신 하나님의 은혜에 감사한 마음을 주체할 수가 없어서 용원교회 리모델링을 위해서 하나님께 1억 5,000만 원을 기쁨으로 헌금했다. 은퇴를 한 지금까지도 주님의 몸 된 교회에 헌신하고자 필요할 때마다 아낌없이 드리고 있다. 면복은 "하나님께서 주신 은혜에

대한 감사로 하는 것이지 나의 힘으로 하는 것이 절대
로 아닙니다"라며 겸손히 고백하는 믿음의 사람이다.

9
—
하나님과 동행한
평생의 삶

하나님 나라의 확장을 위해
해외 선교를 하다

면복은 하나님 나라의 확장을 위해 해외 선교에도 물질을 아끼지 않았다. 미국과 스위스, 태국으로 선교를 나가면서 잊지 못할 영적인 경험도 했다. 장갑 공장을 통해서 알게 된 서울의 장로 두 사람과 함께 선교헌금 5,000만 원을 헌금해 태국 현지에 교회를 세우는 일에도 앞장섰다. 또한 충주 충일교회 천양우 장로와 함께 안디옥선교회를 발족하고 예수님의 사랑을 알지 못하는 이들에게 평생을 바쳐 복음을 전하는 선교사들을 후원하고 있다. 지금도 총회에서 필리핀으로 파송한 안병갑 선교사를 통해 필리핀 지역의 고아들과 미혼모 가정의 아이 4명을 정기적으로 후원하고 있다.

어린아이와 같은 믿음으로
순종하며 살아온 인생

면복이 지독히 가난했던 어린 시절을 극복하고 평생을 긍정적인 마음, 감사하는 마음을 가지고 살아갈 수 있었던 원동력에는 무엇이 있었을까. 그는 "무엇을 하면 딱 한다고 하지 않습니다. 오직 신앙에서만은 순복하면서 했습니다. 다른 일들은 오래 숙고하고 결정했습니다. 그러나 신앙만큼은 달랐습니다. 어린아이같이 믿고 순복하고 진행했습니다"라고 회고한다.

가까스로 생존하기에도 벅찼던 그 시절, 면복은 어머니나 아버지에게도 큰 사랑을 받지 못했다. 이런 환경은 면복으로 하여금 개척하는 정신으로 자신을 무장하게 만들었다. 또 언제, 어디서나 하나님이 함께하셨다. "사막에 있는 나무 한 그루는 생존이 어렵지만, 하나님이 도와주시면 살 수 있습니다. 나는 그런 기도를 했고, 그런 마음을 먹었습니다. 그때는 긍정적으로 생각했습니다. 현실을 부정하지 않고 받아들였습니다. 결핵에 걸렸을 때, 그 영적인 체험이 계속해서 살아있었습니다. 성경 구절을 믿으면 역사가 일어납니다. 교인들은 하나님만 믿으면 됩니다. 그 말씀을 따라가는 만큼 역사하십니다"라고 강조한다.

가난한 어린 시절을 보냈던 면복은 뛰어난 경영자로 자리를 잡은 뒤에도 학업에 뜻을 두고 배움에 정진하는 시간을 가졌다. 청주대학교 최고위관리과정을 1기로 수료하고, 곧이어 충주 건국대학교 최고위관리과정도 수료했다. 시마세이키(니트 편직기) 연구를 했던 과정에서도 면복의 철학을 엿볼 수 있다.

면복은 "종종 윤 사장이 문자를 보내왔습니다. 시마세이키는 전자로 되었습니다. 군 제대 후 장갑 기계를 공부했습니다. 그 사람을 통해서 수입했습니다. 그 윤 사장 아들에게 왔습니다. 신 집사는 전자박사입니다. 다른 사람한테는 배울 사람이 없습니다. 그래서 지속적으로 좋은 관계를 유지하고 있습니다. 내 것으로 만들려고 했을 때는 긍정적으로 했습니다"라며 작은 인연도 놓치지 않고 그 누구라도 배울 것이 있다면 나이나 지위고하를 가리지 않고 배움을 청했던 일화를 떠올렸다.

"하나님은 결단하는 믿음을 좋아하십니다. 나는 성경 말씀을 통해서 그 진리를 배웠습니다. 말씀이 몸과 생활에 배였습니다. 책상이 없어서 문지방에 찬송가를 펼쳐 놓고 찬송을 불렀습니다. 아랫집에서 교회 나가더니 잘못된 것 아닌가 하고 이상하게 생각했습니다. 성격이 강해서 나름 반항하고 사랑을 못 받았으니 나를 도와줄 자가 없으니 남에게 지는 것이 싫었습니다. 운동할 때, 놀이를 할 때도 지기 싫어했습니다. 사랑을 받으면서 살지 못한 것이 자립심이 되어 남에게 자문을 받거나 의지하지 않았습니다. 오히려 기도하든지 늘 생각하고 기도하면서 생활을 했습니다."

6.25전쟁이라는 참상을 헤쳐 나왔지만 일찍 어머니를 여의고 형들은 머슴살이하는 현실을 보며 자란 어린 면복. 그는 "가난하게 살지 않겠다"라고 결심했다. 어쩌면 면복이 바랐던 것은 그저 매끼 굶지 않고 쌀밥

에 소고깃국을 먹을 수 있다면 만족하는 소박한 꿈이었을지도 모른다. 하지만 하나님은 결핵이라는 다시없을 고난을 통해 면복의 삶에 직접적으로 개입하시며 하나님의 공의와 예수님의 사랑을 전하는 길로 면복을 인도하셨다. 이후 면복은 가정, 교회, 사업 등 모든 영역에서 전적으로 하나님을 의지하고 신뢰하는 삶을 살아가기 시작했다.

면복이 걸어온 삶을 살펴보면 하나님은 결코 면복이 쉽게 안주하기를 원하지 않으셨다는 것을 알 수 있다. 가끔은 버거웠을지도 모를 사랑의 채찍질에 면복은 아브라함이 이삭을 제물로 바치기를 주저하지 않았듯 늘 믿음의 결단으로 반응했다. 하나님의 은혜로 말표장갑이라는 사업을 꾸려온 면복은 교회에서뿐만 아니라 지역사회에서도 헌신과 베풂의 자세를 잃지 않았다. 무엇이 교회를 위한 일인지, 소외된 이웃들을 향한 하나님의 마음이 어떠한지를 잘 알았기 때문이다.

결핵이라는 절망 앞에서 하나님을 만나 그분과 동행하는 삶을 살았던 신앙의 그루터기이자 기도의 사람 면복! 그의 자녀들뿐만이 아니라 그가 평생을 섬겨왔던 용원교회 교인들과 지역주민들은 그동안 면복이 어떤 삶과 신앙의 모범을 보이며 살아왔는지 앞으로도 계속해서 잊지 않을 것이다.

최면복 장로에 관한
용원교회 당회록 기록을 담다

1970. 12. 27. 당회록(당회장: 백낙성 목사)

– 최면복 학습문답 허락하기로 하다.

1971. 11. 21. 당회록(당회장 : 이희전 목사)

– 최면복 교사로 임명하기로 하다.

1971. 12. 26. 당회록

– 최면복 성가대원으로 임명하기로 하다.

1972. 1. 1. 당회록

– 최면복 세례문답하기로 허락하다(세례교인이 되다).

＊ 1972–1976년 사이에 군 복무한 것으로 보인다(군대에
입대한 것으로 보아 의학적으로도 결핵이 완치된 것으로 추정).

1976. 12. 25. 당회록

- 서리집사 임명하기로 하다.

- 교회학교 총무, 성가대 총무로 임명하다.

1977. 3. 27. 당회록(당회장: 강영진 목사)

- 현명희 이명하기로 하다.

* 이 시기에 결혼한 것으로 추정된다.

1977. 12. 25. 당회록

- 청년회장 최면복 집사로 임명하다.

* 1977년 결혼도 하고, 집사의 직분도 받고, 그리고 사업에 집중하는 시기가 도래한 것이다.

1978. 7. 30. 당회록

- 교회 별관 두 칸을 최면복 집사에게 빌려주되 한 칸은 이유 없이 한 칸은 임대계약하기로(원하면) 하고, 교회가 필요할 때는 이유 없이 두 칸 모두 내어주기로 하다.

※ 공장을 교회 별관에서 운영하고 있었다. 때때로 '기계 소리에 시끄럽다', '먼지가 난다' 등으로 목사님과 사모님으로부터 핀잔을 듣기도 하였다고 한다.

1978. 8. 13. 당회록
– 강영진 목사 1978. 8. 20. 자로 사임하기로 하다.

1978. 8. 30. 당회록
– 지현규 목사를 청빙하기로 하다.

1980. 5. 25. 당회록
– 조준동 목사를 청빙하기로 하다.

1980. 6. 15. 당회록(당회장: 조준동 목사)
– 김종삼 장로 예성교회로 노흥렬 장로 청주 청담교회로 이명하다.

1980. 11. 3. 당회록
– 연건평 80평으로 교회 건축하기로 결의하다.

최면복 집사는 교회 건축을 위해서 기계를 담보로 500만 원 건축헌금하다.

* 당시에 사택 건축비가 300만 원이었다. 공장 설비를 담보로 건축헌금을 할 당시 건축을 위해서 성도들이 헌금을 해도 지지부진하였다. 그래서 비록 가진 것은 없지만 대출을 내어서라도 힘껏 건축을 위해서 헌금하였다. 건축헌금 이후 약 6개월 사이에 1억 5,000만 원의 수익이 났다. 그 이후 완전히 가난을 면했고 사업적으로 경제적으로 완전한 성공의 길을 갈 수 있었다. 이러한 은혜와 축복을 주위에서 보고 들은 사람들이 초청하여 간증 집회를 인도하였다. 간증 집회로 은혜를 받은 소문이 점점 퍼지면서 집회 초청이 많아질 때, 간증 집회 인도하는 것을 멈출 것을 결심한다. 하나님이 주신 은혜인데 자기 자랑으로 변질될 수 있다는 것과 간증을 하면서 내용이 조금씩 보태어지는 것을 알고 더 이상 다니면 안 되겠구나 생각하였고 이와 같은 이유로 간증 집회를 사양하게 된다.

1982. 12. 6. 당회록

- 용원장로교회 성전 건축을 마치고, 헌당 예배 때 만 30세에 장로 임직을 받다.

* 1982년부터 2022년까지 만 40년간 용원교회 장로로 시무하다(장로 임직 후 조준동 목사, 최도종 목사, 임만재 목사, 현 양진우 목사까지 40년 동안 용원교회 시무 장로로 교회를 섬기고 있다).

10
—
모든 것은
하나님의 은혜

최면복 장로가
당부와 감사를 말하다

한국 교회에 바랍니다. 교회 안에서 목회자와 성도는 돈을 좋아해서는 안 됩니다. 오히려 전도와 선한 일을 좋아해야 합니다. 세상에서도 일을 통해서 돈도 따라옵니다. 성직자와 직분자로서 분명한 영적인 자부심을 가지고 성실히 믿음으로 봉사에 임해야 합니다.

후배 장로들에게 말씀드립니다. 지도자는 말을 잘해야 합니다. '고맙습니다, 사랑합니다, 잘하셨습니다.' 교회에서 따지는 말 대신 칭찬과 격려를 통해 교인들이 자긍심을 가지도록 용기를 살려 주어야 합니다. 저는 할 수만 있으면 선배 장로들에게 따지지 않았습니다. 후배 장로로서 잘 따라 주었습니다. 때때로 잘하지 못할 때는 기도합시다. 하나님께 맡깁시다. 믿고 맡기는 동안 하나님께서 일하십니다. 이것을 가르쳐주어 하나님의 자녀답게 신앙생활에 모범이 되기를 바랍니다.

그리고 성도들에게 감사합니다. 한 몸의 지체로서 함께 신앙생활을 한 것이 특히 감사합니다. 그리고 미안합니다. 성도들에게 더 감사하고 더 기도하지 못한 것에 미안합니다. 마지막으로 좋은 교회가 되기를 소망합니다. 서로 사랑하시고 용원교회 성도들이 귀한 것으로 알고 사랑하고 축복합니다.

지금까지 아내 현명희 권사가 묵묵히 신랑을 내조한 것에 고맙습니다. 몸 관리 잘하고 건강하게 신앙생활 하기를 바랍니다. 하나님과 사람 앞에서 흠 없이 살아보려는 마음을 늘 가지고 노력하면 좋겠습니다.

아울러 가족들과 15일 동안 해외여행을 하며 보낸 시간이 참 행복했습니다. 자녀들과 손주들은 무엇보다 하나님을 경외하고 의지하는 삶을 살아야 합니다. 그리고 하나님 앞과 사람 앞에 존귀한 자들이 되도록 애쓰는 모습이 있어야 합니다.

지금까지 나의 삶에 위기가 있을 때마다 하나님은 언제나 좋으신 하나님으로 아주 섬세하게 섭리하셨기에 오히려 평안했습니다. 하나님과의 영적인 관계를 유지하면서 신앙적으로 신실하게 나의 것을 포기하고 하나님이 이루어주실 줄 믿으며 달려왔습니다. 지금까지 어려움 속에서 분명히 피할 길을 주시고 더 좋은 것으로 채워주시는 하나님을 발견하면서 성도와 집사로 10년 그리고 시무 장로 40년 용원교회를 섬기는 동안 많이 행복했습니다.

사랑하는 목사님 그리고 성도님, 혹여나 실수와 허물로 상처가 되었다면 주님의 마음으로 용서해주시길 바랍니다. 남은 생애를 오직 주님의 복음을 위해서 땅 끝까지 예수 생명을 전하는 사역에 매진하는 삶을 살려고 노력하겠습니다. 하나님이 주시는 능력으로 매사에 봉사하시고 서로 사랑하여 지상에서 천국을 누리며 살기를 소망합니다. 그리고 희생하고 섬기고 나누었던 모든 것은 장차 주실 천국의 면류관을 소망하면서 인내하고 기도하며 자신을 다스려가는 생활로 반드시 승리하시길 기대합니다. 모든 것이 하나님의 은혜였습니다.

최면복 장로의 부모 형제와 손주

부: 최태우

모: 원덕상

형제: 최면순, 최면천, 최면선, 최면만, 최면복

부인: 현명희

큰딸: 최영신, 사위: 신창현

　　　외손주: 신애리, 신우철

작은딸: 최지선, 사위: 신윤섭

　　　외손주: 신재환, 신재우, 신재훈

아들: 최성덕

최면복 장로에 대한 은퇴사

최면복 장로님 은퇴사를 부탁받고 한동안 고심했습니다. 제가 장로님의 은퇴사를 쓸 자격이 있는가 싶기도 하고요. 장로는 교회의 지도자로서 갖추어야 할 자질과 또 직분자로서 그 역할이 크고 중요하다고 생각합니다. 장로가 그 직분을 잘 감당하면 교회에 믿음의 씨를 잘 뿌려 화목한 교회, 사랑이 넘치는 교회가 될 수 있습니다. 그렇지 못할 경우에는 많은 어려움을 초래하게 됩니다. 장로란 본래 '어른'이란 뜻을 지닌 말입니다. 장로가 어른의 성숙함을 보여줄 때 장로의 직분이 더욱 빛날 것입니다.

최면복 장로님과 본 교회에서 장로 직분으로 함께 신앙생활했던 시간이 10여 년이 되었습니다. 그동안 선임 장로님으로서 교회를 이끌어가시던 일들을 생각하면 부족한 저에게 많은 힘이 되어주셨고 본이 되어

주셨습니다. 장로님과 함께한 믿음의 날들을 은혜의 시간이었습니다.

저희 농장에서 개울 따라 조금 올라가다 보면 우뚝 선 나무 한 그루가 멋있게 자리 잡고 있습니다. 지날 때마다 참 잘 자랐다고 생각하곤 했습니다. 제가 어렸을 때 앞 개울가에 큰 몇 그루의 나무가 있었습니다. 그러나 언제 없어졌는지 몰라도 이 나무만 밭 가장자리 조그만 도랑가에 자리 잡아 아주 잘 자라고 있습니다. 주변에 크게 피해를 주지도 않고 수십 년 동안 계절의 변화에도 거목이 되었습니다.

수십 년간의 비바람이 있었기에 좋은 나무가 된 것 같습니다. 최면복 장로님도 주님께서 맡기신 장로의 직분과 사명을 잘 감당하셨습니다. 비가 오나 눈이 오나 오직 그 자리를 늘 지키시면서 거목처럼 교회를 위해 봉사와 기도로 헌신하셨습니다.

지난 40년간 장로님은 감사한 일도 많았지만 또 어려움이 있었음에도 한결같이 교회를 섬기시고 성도들에 본이 되셔서 지금과 같은 아름다운 교회로 성장시키는 데 큰 힘이 되셨습니다.

장로님은 20대 초반에 교회에 등록하여 주님을 영접하여 주님을 만나고 몸의 병도 고침받고, 주님의 은혜로 일찍이 장로가 되셔서 장로로서 40년간 교회를 섬기셨습니다. 참으로 놀라운 일입니다. 오랜 세월 동안 장로로서 교회와 성도들을 섬기시는 모습에 참으로 존경을 표합니다.

또한 해외 선교에도 많은 관심을 가지고 앞장섰으며 지역사회 봉사단체 리더로 활동하시면서 신앙인답게 지역사회를 섬기는 일에도 최선을 다하셨습니다. 또한 타고난 부지런함과 노력으로 사업의 번창과 성공적인 기업의 삶도 살고 계십니다.

가정 또한 믿음 안에서 바르게 세우셔서 자녀들, 손주들에게 이르기까지 아름다운 믿음의 가정으로서 본이 되셨습니다. 특히 믿음의 동역자로서 내조하시는 현명희 권사님의 커다란 헌신이 너무도 아름답게 빛을 발합니다.

또한 권사님은 강단 장식을 위해 오랫동안 매주 아름다운 꽃으로 교회를 섬기시는 모습이 너무도 은혜스럽고 감동적입니다.

이러하듯이 장로님은 신앙생활 전반에 늘 본이 되어 주셨고, 자기를 살피시고 늘 기도와 말씀과 찬양으로 믿음의 삶을 사셨으며 교회와 성도와 나라와 민족을 위해 늘 기도에 힘쓰셨습니다. 저희들 또한 장로님의 발자취를 따라 교회 섬기는 일에 최선을 다할 것을 다시 한 번 다짐해봅니다.

용원교회를 위해 40년간 장로로 섬기며 헌신하신 장로님과 현명희 권사님께 다시 한번 모든 교우와 함께 감사드리며 은퇴를 축하드립니다. 이후의 삶 가운데도 하나님의 은혜와 평강이 함께하시고 영육 간에 강건함으로 하나님께 영광을 돌리는 복된 삶이 되시길 기도드립니다.

용원교회

박종대 장로

최면복 장로님의 은퇴를 생각하며

시무 정년을 맞이하신 최면복 장로님의 은퇴를 맞이하여 먼저는 수십 년 동안 주님의 몸 된 교회 용원교회를 섬겨 오시면서 선한 영향력으로 저희들에게 감동을 주시고 맡겨진 사역을 충실히 감당하시고 마치심에 온 성도들과 함께 감사를 드리며 축하를 드립니다.

최면복 장로님은 평생 몸 된 교회를 위해 피와 땀과 눈물을 쏟으셨습니다. 사도 바울의 "나의 달려갈 길과 주 예수께 받은 사명 곧 하나님의 은혜의 복음 증거 하는 일을 마치려 함에는 나의 생명을 조금도 귀한 것으로 여기지 아니하노라"(행 20:24)라는 말씀처럼 일평생 주님께 헌신하시고 은퇴하시는 귀하신 장로님, 진심으로 축하드립니다. 먼저 축하드릴 것은 장로님께서는 교회를 위해 썩어지는 밀알이 되신 것입니다.

교회가 어려울 때 기도하는 데 앞장서셨고 물질로

힘껏 봉사하셨습니다. 지금의 교회가 되기까지 장로님의 손이 미치지 않은 곳이 없습니다. 집안일보다도 사업도 제쳐놓고 거의 매일 교회에 오셔서 동고동락하셨습니다.

또한 장로님께서는 지역사회에 기여한 공로가 큰분이기에 축하드립니다. 예수 그리스도의 사랑을 실천할 수 있는 장으로 본을 보이셨습니다. 장로님의 교제범위가 교회와 성도에서 그치지 않고 지역사회에 그리스도의 사랑을 보여 주신 것입니다. 인격의 본을 보이셨고 작은 목자로서 저들의 애환에 참여하신 분이십니다. 충성스럽게 봉사한 일에 대하여 후배 장로님들과 모든 교우가 그 노고를 기억할 것입니다.

은퇴하시게 되니 조금은 섭섭하시겠지만 든든한 후배들에게 모든 일을 맡기고 쉴 수 있게 된 것을 축하드립니다. 장로님으로 봉사하시는 동안 여러 어려움이 있으셨겠지만 장로의 직분을 잘 감당하시고 마치게 된 것을 하나님께 감사드립니다. 장로님, 주님 앞에 서시는 그날까지 더욱 헌신해 봉사할 수 있으시기를 바랍니다. 더욱 건강하시고 목사님을 위해서 교회를 위해서 교우들을 위해 끊임없이 기도하여 주시기를 바랍니다.

최면복 장로님의 부인 현명희 권사님, 그동안 권사의 직분을 받아 충성을 다하신 권사님께 감사와 축하를 드립니다. 권사님과 같이 주일학교 여름성경학교와 중고등부 수련회 때 아이들 밥과 간식을 맛있게 해주고 교회의 각종 행사와 병원에 심방하며 봉사하던 때가 생각이 납니다. 피곤한 줄도 모르고 하나님 나라의 확장을 위해 애쓰시던 권사님이었습니다.

어느 대형 교회보다 더 아름답게 강단의 꽃꽂이를 매주 장식해주셔서 보는 이들로 하여금 은혜롭게 하신 권사님, 감사합니다. 권사님께서는 목사님의 오른팔처럼 쓰임받으셨습니다. 그리고 우환질고와 낙심으로 고통 중에 있는 성도들을 잘 돌아보셨습니다. 무엇보다도 많은 영혼을 그리스도께 전도하셨습니다. 범사에 모범을 보이신 분이십니다. 그런 권사님께 몇 가지 축하의 말씀을 드립니다.

먼저 권사님께서는 남은 생애에 임마누엘의 복이 임할 것이기에 축하를 드립니다. 지금까지도 함께하셨던 주님께서 권사님이 은퇴하신 뒤에도 계속 인도 보호하실 것입니다. 소망 중에 승리하시기를 기도드립니다. 또한 권사님의 후손들도 믿음으로 승리할 것이기에 축하를 드립니다.

자손들은 권사님의 기도하시는 모습을 보았을 것입니다. 은혜의 말씀을 가까이하시는 모습을 기억할 것입니다. 베풀면서 사시는 모습을 보았을 것입니다. 지금까지 교회를 위해 헌신하신 권사님 감사합니다. 주님 앞에 서시는 그날까지 교회를 위해 성도를 위해 기도하여 주시길 바랍니다.

장로님! 권사님! 그동안 함께 사역하셨던 모습들을 생각할 때 섭섭함이 눈 앞을 가리지만 그 모습들을 아름답게 간직하면서 우리 모든 후배 성도들이 그 큰 빈자리를 메우기 위해 더 열심히 교회를 섬기며 기쁨으로 여호와를 노래하겠습니다. 잘할 수 있도록 더 폭 넓게 지도해 주실 것을 부탁드립니다.

"나는 선한 싸움을 싸우고 나의 달려갈 길을 마치고 믿음을 지켰으니 이제 후로는 나를 위하여 의의 면류관이 예비되었으므로 주 곧 의로우신 재판장이 그날에 내게 주실 것이며 내게만 아니라 주의 나타나심을 사모하

는 모든 자에게도니라"(딤후 4:7~8)라는 말씀처럼 지금
까지 수고하신 노고의 결과는 하늘의 상급으로 주님께
서 보상하여 주실 것입니다.

　아무쪼록 영육 간에 강건하시기를 간절히 바라며,
최면복 장로님 은퇴를 다시 한번 축하드립니다.

용원교회

유순희 권사

섬김의 세월

최 선 작사
이종록 작곡

♩ = 90 - 94

mf *mp* *rit.*

mf *mp*

삼 십 대 장 로 되 — — 어 — 헌 신 한 섬 김 의 세 월 — 4 0 년 — 임 마

a tempo

누 엘 — 주 님 품 에 서 성 령 충 만 — 한 — 축 — 복 의 시 — —

mf

간　　　　　 ─눈물과─땀이서─린　십자가그─길을따─라

─　　주님사명받들어서러움─　이겨내승리했노

라　　　　　열방을품─고땅끝까지생명복음

전하는사역　용원교회가족들과함─께　달려온

151

4

성령의 불─꽃 ─ 활활 타 오르는   역사의

순 ─ 간   기 대 하 며   교 우 들 과 동 역 하 ─ 는

구 원 의 조 각 들─ 은   하 나 님 은 혜 의 시 간 으─ 로 ─   남

아   영 광 을 돌 리 리 라 ─ 장 립 부 터 지 금 까 ─ 지

154 고향 마을 느티나무 같은 70년의 삶

　충북 충주의 작은 마을 새말 앞에는 가섭산(710m) 기
슭 온수골(상촌) 계곡에서 흘러내리는 작은 하천과 농사
를 위해 만들어진 용원저수지에서 발원한 농수로가 있
습니다. 우리나라의 전형적인 밤나무밭과 사과밭, 전
답이 즐비하게 있는 농촌 마을에서 태어난 최면복 ㈜말
표장갑 대표는 50년 동안 한결같이 67년의 역사를 가
진 충주 용원교회(담임 양진우 목사)에서 장로로서 하나
님을 섬기고 주님의 몸 된 교회를 위해 헌신하고 있습
니다. 그가 하나님을 만남으로 인해 변화된 삶과 사업
에 관한 간증을 소개고자 합니다.

　최면복 장로는 가난한 농촌 가정에서 6.25전쟁이 발
발했던 해에 태어났습니다. 전쟁 통에 국민이 모두 어
려웠듯 그의 가정도 피난살이로 온전할 수 없었습니
다. 설상가상으로 생모는 그가 여섯 살 때 세상을 떠났

습니다. 7남매로 태어난 그는 어머니의 사랑과 따뜻한 손길을 받아보지 못하고 청소년 시절을 보냈습니다.

최면복 장로는 어린 시절부터 혼자 이렇게 말했다고 합니다. "나는 지금처럼 이렇게 살지는 않겠다. 반드시 가난과 어려움을 극복하고 성공하여 면 소재지에서 가장 부유하고 행복한 가문으로 만들어가야겠다." 그는 비전과 꿈을 안고 자라났습니다.

1960년대 당시에는 충주에서 서울까지 비포장 도로였으므로 생극, 감곡, 장호원, 이천, 광주, 성남을 거쳐 4시간을 버스로 달려야 갈 수 있었습니다. 서울에 상경한 그는 작은 니트 옷을 짜는 기계 공장에 취직하였습니다. 그곳에서 기술을 배우며 장차 큰 기업을 경영해 가난한 우리나라의 경제를 살리는 으뜸 기업인이 되겠다고 다짐하면서 어려운 환경이지만 성실하게 직장생활을 하였습니다.

하지만 젊은 나이에 폐결핵에 걸려 더 이상 직장 생활을 할 수 없기에 낙향하게 되었습니다. 그곳에서 요양하며 미래를 설계하던 중 큰형의 집 작은 방에 기계 한두 대를 놓고 옷을 만들어 충주 시내에서 판매하기 시작하였습니다.

질병으로 몸이 좋지 않았던 그가 새말 용원교회에 다니는 이목례 장로를 통해 교회에 출석하면서 예배를 드리는 가운데 말씀과 성령의 능력으로 치유받는 체험을 하게 되었습니다. 건강을 회복한 최면복 장로는 사업을 장갑 제조업으로 변경하였고 군 복무 후에는 교회 근처 공민학교 건물로 이사하는 발전을 이루었습니다. 그에게 하나님께 헌신할 기회가 왔습니다. 당시 그는 공민학교 부지와 건물을 공장으로 사용하였는데, 용원교회 조준동 담임목사가 건축을 한다는 것이었습니다. 건축비가 부족한 그때 그는 어려운 사업이었지만 은행에서 대출을 받아 건축비의 3분의 1을 감당하였습니다.

최면복 장로는 신앙생활을 시작한 20대 초부터 처음 가졌던 마음을 잃지 않고 몸 된 교회를 내 집같이 섬기며 담임목사와 성도들과 같은 뜻, 같은 마음, 같은 비전을 품고 지금까지 달려오고 있습니다. 그의 아내 현명희 권사는 40년 넘도록 한 주도 빠짐없이 강단 꽃꽂이로 섬기고 있습니다.

그동안 하나님이 세워주신 축복의 열매로 최면복 장로는 섬유단체협회 이사장과 국제라이온스협회 총재를 역임했으며, 경제 발전에 이바지한 공로를 인정받아 국무총리상과 산업자원부장관상을 받았습니다. 그는 어린 시절에 어머니 없이 자란 아픔을 알기에 사업가의 겸손한 삶의 실천으로 어려운 이웃을 위해 매년 청소년과 저소득층을 돕고 있습니다.

태어난 가정과 환경을 원망하는 이들이 존재하는 반면에 오히려 그것을 통해 더 좋은 에너지를 발산하여 내외적인 자아를 다스리면서 꿈과 비전을 찾아 살아가는 이들도 있습니다. ㈜말표장갑 대표 최면복 장로가 어려웠던 환경을 극복하면서 하나님을 만나고 몸과 마음의 치유를 받아 새롭게 변화된 삶을 살펴보았습니다. 그는 충주 용원교회의 수석장로가 되면서 성도들과 같이 '감사합니다, 사랑합니다, 고맙습니다'라는 표현을 교회에서 실천하고 있습니다. 그러한 마음을 하나님이 받으시고 용원교회 목회자와 성도 모두 과거보다 오늘이 더 행복한 신앙생활을 하고 있다고 고백합니다.

그는 주님을 만난 후부터 지금까지 초심을 잃지 않

기 위해 새벽마다 기도로 영성을 지키고, 언제나 하나님 말씀 중심으로 신앙생활을 하고 있습니다. 겸손하게 목회자와 교회를 섬기고, 경영하는 사업과 하나님 나라 확장을 위해 최선을 다해 섬기고 나누며, 지역사회를 위해 헌신하고 있는 최면복 대표의 삶이 이전보다 더 나은 생애가 되기를 기대합니다. 은퇴하는 최면복 장로가 40년간 한 교회 시무장로로서 주어진 자신의 사명과 하나님이 주신 계획과 섭리에 절대 순종하면서 한국 교회 최고의 직분자로 역사에 남기를 소망합니다.

2022년
시인작가 **최선**

부록

—

사진으로 보는
인생 이야기

▬ 최면복 장로 어린 시절

▬ 속리산에서 후배들과 함께

- 심충길·이명호·심충득·음영태·이용진 친구와 함께

- 최면복 장로 청년 시절

- 군대 휴가 나왔을 때 상수 친구와 함께

- 현명희 권사 처녀 시절

- 현명희 권사 처녀 시절

- 현명희 권사 처녀 시절

－ 강원도 21사단 군대 생활 중

－ 군대 시절 훈련 중에

- 군대 시절 초소에서

- 강원도 양구 21사단 아르지에서

- 최면복 장로와 현명희 권사 결혼

- 최면복 장로와 현명희 권사 결혼

- 최면복 장로와 현명희 권사 결혼

- 최면복 장로와 현명희 권사 결혼

– 준공식 때 목사님과 장로님들을 모시고 준공식 하는 모습

– 임만재 목사님과 교회 집사님들과 공장 안에서

- 공장 완공하고 장로님들과 함께

- 임만재 목사님 모시고 완공 예배하는 모습

- 가족사진

- 가족사진

172 고향 마을 느티나무 같은 70년의 삶

- 최면복 장로 독창 모습

- 현명희 권사 독창 모습

– 마당에서 예배하는 모습

– 조준동 목사님 그리고 장로님들과 첫 예배당 봉헌예배

- 장로님들 그리고 조준동 목사님과 창립 30주년 때

- 교회 마당에서 조준동 목사님과 장로님들과 함께

- 형들과 들판에서(면천, 면선, 면만, 면복)

- 가족사진

- 임직예배 때 40년 감사패를 임만재 목사님께 받는 모습

- 임직예배 때 40년 감사패를 임만재 목사님께 받는 모습

- 총재 때 전 총재님께 받은 사진

- 우렁차게 사자 소리 내는 모습

- 선서하는 모습

- 행사 때 의자에 앉아서 찍은 사진

- 태국 퉁송교회 안에서

- 태국 퉁송교회 앞에서 장로님들과 함께

- 퉁송교회에서 특송 하는 모습

- 창립예배 마치고 교인들과 함께

    — 창립예배드리는 모습

    — 장로님들이 함께 앉아서

– 입당예배드리는 모습

– 교인들과 마당에서

– 성전 앞에서 성도들과 함께

– 목사님 입당 커팅식

- 통송교회 설립

- 통송교회에서

– 통송교회 청년들과 함께

– 통송교회에서 기도하는 모습

- 퉁송교회 탁자에 앉아서 이야기하는 모습

- 교회에서 사은품 증정

- 청주대학교 고위 관리자 과정 행정 수료 1기생

- 용원교회 담임 목사님 사택

- 표창장

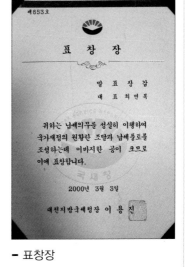

- 표창장

- 감사장

- 감사장

- 위촉장

- 표창장

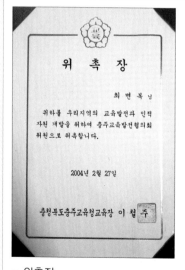

- 위촉장

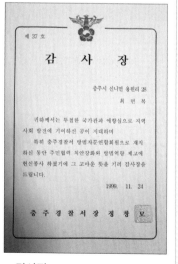

- 감사장

- 상장

- 표창장(평화장갑)

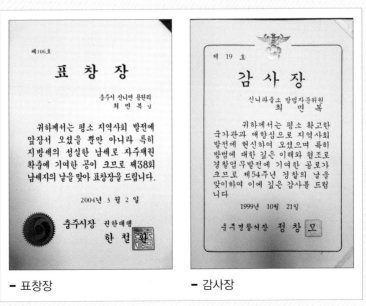

- 표창장

- 감사장

- 임명장

- 위촉장

- 위촉장

- 공로상

– 고난주간 특별새벽기도 때 교인들과 함께

– 본당에서 양진우 목사님, 집사님과 함께

- 크리스마스 제1남전도회 찬양하는 모습

- 교회에서 함께 놀러 간 곳

- 제1남전도회 야유회

- 교회에서 윷놀이 한 날 재훈이와 함께

‑ 교인들과 신나게 윷놀이

‑ 크리스마스 때 성도들과 함께 특송

- 제1남전도회 크리스마스 특송 하는 모습

- 크리스마스 때 의자에 앉아서 장로님, 집사님과 함께

- 용원교회

- 용원교회 밖에서 찍은 사진

– 용원교회 야유회 가서

– 크리스마스 때 집사님들과 함께

"내가 주는 물을 마시는 자는
영원히 목마르지 아니하리니
내가 주는 물은 그 속에서
영생하도록 솟아나는 샘물이 되리라"
(요 4:14)